▶ 舟山名人丛书

破肚将军蓝理

吴顺珠 编著

燕山大学出版社
·秦皇岛·

图书在版编目（CIP）数据

破肚将军蓝理 / 吴顺珠编著. —秦皇岛：燕山大学出版社，2021.5
（舟山名人丛书）
ISBN 978-7-5761-0108-9

Ⅰ.①破… Ⅱ.①吴… Ⅲ.①蓝理（1648—1719）—传记 Ⅳ.①K825.2

中国版本图书馆 CIP 数据核字（2021）第 071991 号

破肚将军蓝理
PODU JIANGJUN LAN LI

吴顺珠　编著

出 版 人：	陈　玉
责任编辑：	柯亚莉
封面设计：	陈育纯
出版发行：	燕山大学出版社
地　　址：	河北省秦皇岛市河北大街西段 438 号
邮政编码：	066004
电　　话：	0335-8387555
印　　刷：	舟山明煌印业有限公司
经　　销：	全国新华书店

开　　本：710mm×1000mm　1/16	印　张：12.75	字　数：186 千字
版　　次：2021 年 5 月第 1 版	印　次：2021 年 5 月第 1 次印刷
书　　号：ISBN 978-7-5761-0108-9		
定　　价：58.00 元		

版权所有　侵权必究
如发生印刷、装订质量问题，读者可与出版社联系调换
联系电话：0335-8387718

目 录

■ "歹仔"投军
年少逞强　惹祸逃亡　　　　　　　　001

剿灭海盗　被冤入狱　　　　　　　　009

投军立功　仗义入狱　　　　　　　　017

■ 破肚将军
伯乐举荐　平台先锋　　　　　　　　037

破肚血战　力解主围　　　　　　　　050

再解主围　平台首功　　　　　　　　059

御赐匾额　京城授奖　　　　　　　　071

■ 菩萨将军
危难受命　筑城居安　　　　　　　　085

展复航业　通商振市　　　　　　　　090

俸禄疏困　福佑百姓　　　　　　　　094

普陀护法　深结善缘　　　　　104

　　编撰山志　传承文脉　　　　　132

　　殿宇轮奂　史载护法　　　　　136

　　护法弘禅　佛国存思　　　　　150

　　海天佛国　梵宇林立　　　　　154

　　根留定海　展复先祖　　　　　161

■ 垦荒"蓝田"

　　改良洼地　稻始津冀　　　　　169

　　"普陀"佑民　胜似"桃源"　　173

■ 官擢福建

　　再获钦赐　荣耀故里　　　　　175

　　惩恶济民　再次入狱　　　　　182

　　泉报桑梓　福泽故里　　　　　185

■ 戎马一生

　　老骥伏枥　一门三杰　　　　　188

　　一代虎将　世人铭记　　　　　193

参考书目　　　　　　　　　　　197

后记　　　　　　　　　　　　　199

"歹仔"投军

年少逞强　惹祸逃亡

蓝理,字义甫,号义山,畲族人。清顺治四年(1647),出生于福建省漳浦县长庆乡石椅村下尾社。

蓝理始祖,名兆,字元晦,号廷瑞,于元末迁居福建漳浦前亭下尾蓝厝井。蓝兆生三子,庆福、庆禄、庆寿。三兄弟只在前亭下尾蓝厝井住了一代,后来分迁各处居住。长子庆福,迁居长卿(亦称张坑,今赤岭畲族乡);次子庆禄,迁居隆教(今隆教畲族乡),后建总祖祠于龙海市隆教畲族乡,他将始祖蓝兆及始祖妣领去立祖庙;三子庆寿,迁到广东省大埔县湖寮镇下坜茅坪村,分传于饶平蓝屋、河源等地。

漳州龙海市隆教畲族乡红星村——蓝氏祖庙

蓝理先祖庆福迁入长卿后，于嘉靖二年（1523）建立祖祠"种玉堂"，语出"蓝田种（生）玉"，寓示着蓝氏祖宗积德衍庆，钟灵毓秀。

种玉堂位于赤岭畲族乡石椅村，又称石椅大祖。据说，"石椅"是用三条长石板搭筑成的三条石椅，位于种玉堂右三百米处（今存），用于保护"种玉堂"龙脉。后蓝姓畲民在这里居住，形成村落，故名石椅村。因所处石椅村，故又称石椅大祖。蓝理是种玉堂石椅大祖第十二世孙。

1644年4月，南明政权分布图

蓝理成长的年代，是一个动乱的年代。他出生的那一年，距李自成进京，明崇祯皇帝自缢，只有三年。明朝皇帝虽然没了，但是皇族后裔还在，大批臣子还在。像南宋灭亡后，各路藩王继续在南方抗击元朝政权一样，明朝旧臣们或是出于忠君思想，或是出于其他目的，先后在南方拥立了五个藩王，力图反清复明，史称南明政权。南明政权与清朝势均力敌。

蓝理小的时候，郑成功在东南沿海与清军交战，战争波及福建等地。郑成功攻打漳浦后，又攻下了云霄，然后进发诏安。

顺治九年（1652），蓝理五岁。郑成功攻克海澄，清总督陈锦带领援兵在漳州东郊交战，结果清军溃败。接下来，郑军又攻占了福建诏安、南靖、平和等地。两年后，郑成功又出兵北上攻打崇明（今上海崇明）。可见郑成功的实力不容小觑，严重威胁了清朝的统治地位。

蓝理九岁时，进了宗族私塾读书。后来，他家陆续添了五个弟弟和两个妹妹。孩子一多，加上经年不断的战乱，蓝家的生活越发艰难。蓝理只得早早结束了私塾生涯，父亲不得不让他给别人家做帮工。蓝理力气大，干活利索，主人对他比较满意。但一起打工的小伙子心生妒忌，有意让他做错事。为此事被父亲骂了一顿，蓝理赌气离家出走。对于蓝理少年时期的经历，在杨晓燕编著的《中国民间传说人物·海神天后渔家女·妈祖》中是这样写的：

话说清朝初年，清军与郑成功所率领的"反清复明"劲旅在闽南地区形成拉锯战。蓝理生于乱世，家境贫寒，从小养成孟浪性格。既爱打抱不平，又常干点儿偷鸡摸狗的营生，是一个好事坏事皆有份的"鲁莽之人"。

顺治年间，蓝理的父亲觉得在家管不住蓝理，就将蓝理送到一个富贵人家去做工。同事的人和蓝理有怨气，偷偷给他使坏，让他失手将东家珍贵的

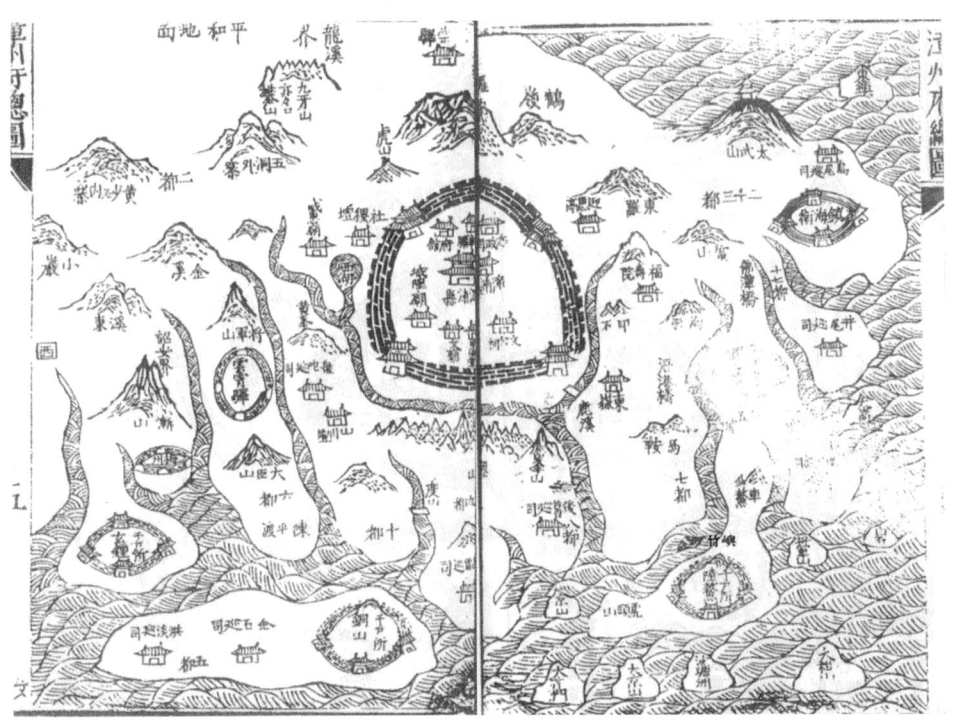

明《漳州府志·漳浦县舆图》

雕花瓶子给砸碎了。东家要赔，蓝理有口难辩。东家就状告到家里，蓝理的父亲非常生气，把蓝理大骂了一顿。蓝理蒙冤受气，心里火了，不顾母亲的阻拦，离家出走。

时值冬天，蓝理漫无目的地走在漳浦路上，晚上到了官浔。官浔有一座供奉妈祖的灵慈宫。这时，蓝理累得又饿又渴，不想再走了。他进到灵慈宫里，看里面一个人都没有，就想这里真不错，供桌上有供品，可以吃饱肚子，晚上还有地方睡觉。

灵慈宫所在的村子里，有一个大善人，叫何连稳。这天，何连稳睡至半夜，朦胧中看到妈祖自天而降，对他说："我的脚下躺着一位大人，非常不舒服，希望能得到你的帮助。"何连稳醒来，竟是一梦，心觉蹊跷，急忙披衣下床，打起灯笼，直奔灵慈宫。进了宫门，何连稳放眼殿堂，不见"大人"，却见一个少年。何连稳看了，生怕蓝理衣服单薄会冻坏，急忙叫醒他。让他给妈祖拜了拜，然后带回家安歇。过后，何连稳认蓝理为义子，见他是块练武料子，还请了师父教他。

在官浔期间，蓝理在师父的精心教导下，武艺精进，且神力异常。半年后，蓝理想家，回到漳浦县张坑石椅村。一日，何连稳到蓝理家，对他说："蓝理，灵慈天妃娘娘曾托梦给我，说你有大人之命，希望你好自为之。"

蓝理的母亲苏氏听了何连稳的话，翌日带蓝理去乌石妈祖庙朝拜妈祖。苏氏对蓝理说："蓝理，既然连稳都说了天妃娘娘托梦的事，我们宁可信其有，不可信其无。听说乌石妈祖也很灵验，娘带你去那烧香拜拜，这样对你对我们一家人都有好处。"蓝理一听母亲说去朝拜妈祖，倒是乐意就答应了。

乌石妈祖庙，坐东北向西南，背靠紫薇山，直面天马山、伏虎山、塔山，浯江从左绕过，流经浯江桥，直奔白沙港，水光潋滟，帆影点点，风光秀丽。庙里供奉的妈祖圣像，是由明朝礼部尚书林士章告老还乡时，从福建莆田湄洲湾请来的。这尊妈祖圣像在湄洲自宋时供奉，乃中华妈祖第一金身。到了庙里，蓝理按照母亲吩咐，给妈祖磕头上香。

蓝理赌气离家出走，认何连稳作义父。蓝理本来就健壮，在官浔拜师练武后身体更为强壮，膂力超人一等。他的族侄孙蓝鼎元在《鹿洲初集》卷七《叔祖福建提督义山公家传》中记载："（蓝理）伟躯干，虎头，燕颔，巨目，丰颐，口可容拳，力举八百钧，足追奔马，曳其尾倒行。"其意是蓝理身材伟岸，相貌威武，能力举八百斤。还能跑步追上奔马，拉着马尾倒着行走，是个力大无比的奇人。

蓝理有这么一副好体魄，确实是难得。但因蓝理好胜心强，在朋友们的怂恿下，为表现自己"力大无比"而惹祸，不得已再次离家出走。张忠发主编的《福建省少数民族古籍丛书·畲族卷·蓝理报恩》中写道：

有一次，他跟穷哥儿们打赌，有人说："楚霸王力拔山兮能举鼎，你蓝理能举起祠堂门前的石狮子吗？"他拍拍肚皮，大声说："当然也能！"于是一帮子弟就起哄着，簇拥蓝理到祠堂前。只见蓝理从容不迫地把宽腰带扎紧，盘起辫子，深吸一口气，暗中运劲。但见他浑身肌腱块块饱绽，喝一声"起"，双手举起石狮子绕石埕走一圈，把石狮子放在旗杆前。大家看得真过瘾，不由得吹口哨，鼓掌，喊声震天。而蓝理脸不红，气不喘，洋洋得意地站在人圈中傻笑。这时家族中的长辈们闻声出来看歹仔们吵闹什么，一看是石狮子移位了，气得胡子都翘起来了，举着长烟杆大喝道："反了，反了，你们这些孽子歹仔，竟然敢在祖宗祠堂前胡闹，难道你们都不怕王法、族规吗？"蓝理他们伸伸舌头，赶快溜走。

族里长辈们连夜在祠堂里议事，怎样处置歹仔蓝理，杀一儆百，以儆效尤。最后，一致同意把蓝理抓来沉入池塘处死，永绝后患。可怜蓝理还蒙在鼓里，不知大祸即将临头，他仍旧跟三朋四友在小庙中聚赌豪饮到深夜才回家。

他的老母已听见风声，急得像热锅上的蚂蚁。等到蓝理喝得醉醺醺地进了家门，母亲将这事说了，叫他赶快离家出走。蓝理说什么也不信，他也不怕，他说他没犯法，何必逃走？再说能逃到哪里去呢？母子俩正纠缠不清，谁也说服不了谁时，这时隔壁的好心寡嫂跑来通风报信："真的，族长决定，明天要按族规将蓝理沉池塘。好兄弟，快逃吧！"她拔下头上银簪一只，给蓝理做路费。蓝理这才相信了，就哭着拜了老母，感谢过堂嫂，趁天未亮就出走了。刚走到村口，碰见他的婶婆，叫住了他。老人噙着眼泪，从锅里拿出两个大番薯，塞给蓝理，挥挥手叫他赶快逃跑。

蓝理没想到自己逞能搬动石狮子竟会闹出性命难保的事，悔不当初。祸事临头只得噙着泪花，拜别亲人，乘月色连夜逃往漳州城姑姑家暂且避难。那一年，蓝理十四岁。

往漳州城行至九龙岭，天突降大雨，蓝理躲进九龙岭下一座土地庙。不一会儿，蓝理就睡着了。梦中，见一位仙风道骨的老者对他说："蓝理，你日后必成大器，到时候可不要忘了今天曾经在我的小庙里避过雨。"蓝理醒过来一看，那老者和土地神长得一模一样，才知道是土地神托的梦。心想自己连小命都难保，哪来的"必成大器"。如真有出头之日，定来重建小庙，重塑金身。天蒙蒙亮，蓝理继续往漳州城赶路。

漳州州治，始建于唐垂拱二年（686），当时归德将军陈元光获准在云霄漳江北岸筑城。开元四年（716），因漳江北岸瘴气太重，所以又移设漳浦李澳川。贞元二年（786），因为州治面积扩大，为了便于治理，再从李澳川迁到九龙江畔唐化里。迁到唐化里后，历代皆有不同程度的修建，至宋初开始在外围筑起土城。南宋又将土城翻建为周长约八公里的石城。城内设有九街十三巷。后清军进入漳州，又在原来基础上重新修建石城，并在东西南北四城门高筑城楼。

蓝理小时候跟着父亲来过姑姑家，现记忆模糊了。加上漳州城连遭清军和郑军的战争破坏，有些房子都倒塌了，更加记不清了。

姑姑家找不着，又人生地不熟。身无分文的他，肚子饿得咕咕响。这才体会到：在家千般好，出门万事难。为了避难，他只得在漳州城里过起了流浪生活。其间，他先后结识了许凤、柯彩、陈龙、吴田等四个无家可归的把兄弟。他们以浦头大庙（又称关帝庙）为家，过着饥一顿饱一顿、衣不遮体的穷困生活。因此，民间有"五人共穿三条裤"的传说。说的是蓝理"兄弟五人"，穷得只有三条裤子，谁出去就给谁穿，其余二人只能躲在庙里。但他们不做伤天害理的事情，会到码头干点力气活，赚点儿工钱。实在没饭吃，就在零食摊子上强赊一些吃的，甚至去城外田间偷点儿番薯等来充饥。

蓝理在漳州城混迹几个月后，终于找到了姑姑家。蓝理将自己因搬动祖堂前的石狮子遭族规处罚，逃到漳州城暂避风头的事说了一遍。姑姑说："你就在我家住下。"并安排他到南山寺旁自家开的染坊干活。

南山寺位于九龙江南岸，唐开元年间（713—741）始建。起初是太傅陈邕给自己建的私宅。因为建得富丽堂皇，被密告私造宫殿意在谋反，朝廷派

南山寺

人查办。陈邕女儿献宅为寺，就有了南山寺。

姑姑家开在南山寺边的染坊，生意还不错。蓝理在染坊里干活很勤快，也特别卖力，像换了一个人。姑父看在眼里，喜在心里，就放手让蓝理做事。空闲时，蓝理常到南山寺看棍僧们练武，此时他的武艺更加精湛了。

不久，蓝理到平和去接管姑父开的一家布店，一待就是两年多。这段时间郑氏集团已经退到台湾，战事没之前那么频繁了。但平和布店还是因战乱影响，生意不好而关闭，蓝理又回到了漳州。

偏偏在此时，染坊意外失火，姑姑家损失惨重。布店和染坊先后关门，蓝理无事可做。这时得知老族长去世的消息，他想，时过境迁，族人不会再追究自己的过错，便决定回家。混迹多年的蓝理身无分文，便将姑姑家的棉被拿出去当了钱，作为路上盘缠。

蓝理练武

剿灭海盗 被冤入狱

回家之后,蓝理靠从姑姑家学来的染布手艺开了一家小染坊,给村民自己织的土布染色。就这样,蓝理过着凭手艺吃饭的平凡日子,但心里总是闷闷不乐。直到有一天,族叔来到小染坊,才改变了蓝理的人生轨迹。张忠发主编的《福建省少数民族古籍丛书·畲族卷·蓝理投军》写道:

蓝理在外地浪荡了几年,也长大成人了,深悔已往胡作非为,决心改邪归正了。于是重返赤岭故里,操起染布的生意。靠他那蛮牛般的体魄和力气,做这样粗重的活,本不算怎么费事。只是每天面对染缸,染布、晾布,双手靛蓝,感到十分窝囊,真是空有一身熊虎劲,却无处使用。

有一天,蓝理的七叔公,悠闲地吸着长杆烟袋走来,站在作坊前只是吞云吐雾地看着蓝理在染布。过了一会儿,老先生干咳一声,似乎有话说,蓝理正憋着一肚皮的气,只是不理他,连头也不抬起来,一直在搅拌着布。

七叔公见蓝理这么没礼貌,也气上心来,用长烟杆敲敲染缸,哑着嗓门训道:"我说,你这囝仔,过去没出息,现在仍然是没出息。男子汉,大丈夫,空有一身本领,不去为国效力,驰骋在战场上,即使马革裹尸还,也是光宗耀祖的事。你难道就甘心这样庸庸碌碌地过一生吗?"说完大叹其气,摇头晃脑地踱着方步走了。

蓝理平白无故地被七叔公训斥了一顿,本来憋着的一肚子气,反而消掉

古代纺纱机纺纱

了许多，因为七叔公骂他现在仍然没出息，正是他自己也感到窝囊的事。真的，空有一身本领，若不去为国立功，效命沙场，活着还有什么用？想到这里，忽地搬起石头朝染缸砸去，哗的一声，缸破水流，他反而感到轻松自在。他立志要干一番事业了。

晚上，他找来十几个情投意合的小兄弟聚议道："人活着不是光图吃饭，要去建功立业，才不至白活一场。"小兄弟们眨着眼睛听着，可怎么听也听不懂："怎么建功立业呀？"蓝理说："去报效国家。""可官府不要我们呀？""不怕。"蓝理说："我有主意，先立个功，官府知晓我们有本领，就会录用了。""那么，到哪里立功呢？"蓝理说："你们听说过吗？海边有股海盗，为首的是闹海龙李三（蓝鼎元记载是卢质），他们打家劫舍，干尽坏事。我们去把他抓来，送给官府办罪，这样不就立功了吗？"这倒是个直截了当的办法，小兄弟们都同意了。

在蓝鼎元《叔祖福建提督义山公家传》中记载："天生一具铜筋铁肋，不立功万里外，作此不肖，可鄙。"说罢，族叔就举起手中的扇子，朝他的脸狠狠地打去，真是恨铁不成钢。骂了一顿，老人家愤然离开。族叔的一番斥责，如醍醐灌顶，点燃了蓝理"封侯拜将"的远大目标。于是，他下定决心要为朝廷做大事，立下誓言"丈夫不封侯拜将非人也"。

这一年是康熙十二年（1673），蓝理二十六岁。这时的他，早已不是当初的"歹仔"。他知道要实现"封侯拜将"的远大目标，就要投入军门。虽说乱世出英雄，但投军也要有军门可入。为了实现这个目标，蓝理就想到用抓海盗这样为民除害的义举来体现自己的报国之心。

漳浦地处海边，动乱年代山上有山匪，海边有海盗。终于有一天，蓝理一伙找到了海盗"闹海龙"卢质的巢穴。蓝理先是召集同村体魄强壮的十五人，从洋尾桥出发。在路上又招邀数十人，到岱嵩驻扎时就有五十二人。为了打有把握之仗，蓝理亲自走访沿海渔村，向老百姓了解卢质在海上的行踪。

古代藤牌

卢质住在井尾，与岱嵩隔着一条江，他每天都会派遣两个小卒摇着小舢板在江面上巡游。一天，两个小卒发现岸边聚集着一伙人，就上前盘问。蓝理就让小卒带信，他要与卢质一比高低，看谁是江湖上真正的好汉。两小卒回去禀报了卢质。卢质心生好奇：是谁这么嚣张？于是，卢质大张声势地带着三百多人前来应战。

卢质"有名剧贼，身长七尺余，白面长须。挥刀盾如闪电，百夫莫能当其勇"。他以为自己是一名远近闻名的海盗头子，官兵都奈何不了他，对这位无名小人物的挑战根本不屑一顾。所以，卢质满脸傲气地斜视着眼前这位不知天高地厚的小人物。卢质手下的人也在一旁起哄，嘲笑蓝理白白来送死。

蓝理一看，觉得自己确实鲁莽了。可是已经到了这个地步，硬来肯定是不行的。好汉不吃眼前亏，他突生急智，用激将法诱卢质单挑。

蓝理见卢质耀武扬威地站在众喽啰的面前，就仰天大笑，用轻蔑的口气说："人言卢质英雄，伪耳。"卢质不解地问："为什么？"蓝理反讥说："如果是真英雄就让三百小卒不要动手，就我们两人单打独斗。如果你把我斗败，那你才是真正的英雄。"卢质不知是计，就令他的手下站立两旁，不要擅自动手相助。卢质心想，如果真的打斗不过，他手下的兵将一定会蜂拥而上，三百人还对付不了这几十人？其实，卢质与蓝理武功不相上

古代盾牌

下。于是，他们俩"各携藤牌短刀跃出沙场，斗百合不分胜负"。你来我往，斗得昏天黑地，难分难解。双方观战者，看得惊心动魄，异常紧张。

百余回合后，仍不见胜负。蓝理越战越勇，而卢质对蓝理心生畏惧。此时，蓝理敏锐地觉察到卢质气馁，出其不意地大喊一声："着矣！"声震如雷。卢质被他一声大吼，大为惊愕，不由得乱了招数，不经意间脚趾露在盾外。蓝理眼明手快，用刀砍断了卢质脚趾，卢质痛倒在地。蓝理一跃而上，一刀斩下卢质首级。

卢质一死，树倒猢狲散。那些喽啰没了头领，又被蓝理勇猛之举惊愕，束手无策。此时，蓝理举着兵器大喊："众兄弟不要慌张，愿意投降的都免死。"卢质手下见蓝理仁义，所有的人都投降了。

蓝理和伙伴们拎着卢质的首级，带着投案的海盗们，满怀胜利的喜悦，高高兴兴地到县衙去邀功。怎料，知县却怀疑蓝理别有用心。

平日里县衙的差役奈何不了卢质这伙海盗，看到蓝理一伙人提着卢质首级，还押了一大群海盗及海盗的小头目来自首，知县怎么也不相信这位名不见经传的蓝理有这等能耐，所以，怀疑蓝理是与海盗串通好了来假投降。但是，知县表面上却装着很客气。毕竟，蓝理把危害百姓的盗匪头目给除掉了。

知县假意把蓝理一行褒奖了一番，引入衙门，假惺惺地摆上庆功宴。然后，将他们一一灌醉。趁着醉意，将他们以盗贼重罪全部打入死牢，听候发落。

蓝理醒来后才发现竟然被关进死牢，他苦口婆心地向衙役解释自己冒着生命危险智斩卢质的初心和经过，一再说明自己是出于为民除害、为朝廷效劳的目的。蓝理的解释，知县非但不理会，而且还把擒拿海盗的功劳记在自己头上，向上谎称是县衙带领众人奋不顾身把"闹海龙"卢质等盗贼一网打尽，保住了一方平安，却将蓝理作为通匪上报。不日，批复下来将漳浦羁押余贼一律处斩。

消息传到死牢，蓝理有口难辩，有理无处诉。空怀一腔报国之情，只能仰天长叹！

临近问斩之日，知县做了一个奇怪的梦，一位神仙谕示他："众人中有

蓝理含冤入狱

一人当缓死,是生是死,以签定之,不可违命;如遇狂风,都杀不得。如若不然,汝命休矣。"

这奇怪的梦,知县半信半疑:难道他们真是好汉?于是在处斩那天,知县嘱衙役将蓝理等人押至刑场。然后捧出生死签,命令众人抽签,告诉他们里面有一个是免死签。众人听说还有活下去的机会,竞相抓签,希望自己能抽到免死的签。蓝理却没有动作,毫不畏惧地说:"死就死,有什么好怕的,何必搞这些花样!"大家抽完签,还有一根在争抢中掉到了地上,蓝理说:"地上那签给我。"衙役拾起一看,上面是个"生"字。蓝理得以免死,余下人皆问斩。

不久,又有一些人被抓进监狱,与蓝理关在同一牢房。他们进来后就密谋商议越狱之事,不料事情败露。按照律法,同在一个牢房里的人都要立即问斩,蓝理自知难免一死。行刑之日,天气又现异常,迅雷忽作,白昼如夜。知县联想梦境和上次监斩情形,深觉骇然。于是又暂免蓝理一死,将其押回死牢。

如此两次,老天保佑,蓝理命不该死。古语说:"大难不死,必成大器。"蓝理虽留得性命,但也无望出狱,只能蹲在狱中听天由命了。

就这样,立大功的蓝理含冤关在死牢。在狱中,他得到原先越狱人留下的几本兵书,其中还有一本手抄的《福建攻略图解》。蓝理对兵书特感兴趣,这下更是如获至宝。苦役之余,偷偷地研读起兵书,研究起福建的地形图,研读历史上胜战的范例。这为蓝理日后战场上机智勇敢地作战,打下了扎实的军事理论知识基础。

蓝理入狱期间,正值"三藩之乱",靖南王耿精忠在福建开始造反。三藩是驻云南的平西王吴三桂、驻广东的平南王尚可喜、驻福建的靖南王耿精忠。

吴三桂,辽东广宁前屯卫中后所(今辽宁绥中)人,明末清初著名政治军事人物。明崇祯时为辽东总兵,封平西伯,镇守山海关。崇祯皇帝登基,吴三桂夺得武科举人。崇祯十七年(1644)降清,在山海关战役中大败李自成,封平西王。顺治十六年(1659),吴三桂镇守云南,引兵入缅甸,迫使缅甸王交出南明永历帝。康熙元年(1662),吴三桂杀南明永历帝于昆明。

尚可喜,山西人。十八岁时和父亲一起加入明朝军队,曾是毛文龙属下,还被毛文龙收为养孙。后来他父亲战死,毛文龙把他父亲部下交给尚可喜统领。明崇祯四年(1631)皮岛兵变中尚可喜镇压有功。后来,他在平定耿仲明、孔有德联合叛乱中,迫使耿精忠和孔有德

吴三桂画像

逃窜海上。

尚可喜的家人也堪称满门忠烈。耿仲明、孔有德被打败后投降后金，后卷土重来，带着后金兵攻占旅顺。留在旅顺的尚可喜的妻妾及家眷佣人数百口全部投水而死，以身殉国。但是一个与尚可喜有私怨的将领要谋害他，尚可喜气愤之下反叛明朝，归顺了皇太极。清军入关后，封为平南王。

耿精忠是耿仲明的孙子，耿继茂的儿子。耿仲明原本也是明朝戍边大将毛文龙的部下。毛文龙死后，耿仲明被调到山东巡抚孙元化麾下，后来投降了后金。顺治六年（1649），被封为靖南王。死后由儿子耿继茂继承靖南王爵位，耿继茂死后又由耿精忠继承。

康熙十二年（1673），吴三桂、尚可喜、耿精忠三位藩王势力逐渐壮大。他们不仅在经济上是清政府沉重的负担，而且严重威胁着清政权的稳定。于是，康熙决定撤藩。

撤藩不是一件容易的事，那些藩王大都拥兵自重，势力很大。就拿明朝来说，朱元璋死后，传位于皇孙朱允炆。朱允炆打算撤藩，本来就心有不甘的燕王朱棣干脆反了，最后成功地夺取了皇位。

康熙要撤藩，倒是没闹出天下易主那么大的乱子，但藩王们也不愿轻易答应。吴三桂首先造反，打出"兴明讨虏"的旗号。吴三桂造反之后，康熙十三年（1674）三月，耿精忠也在福州起兵呼应吴三桂，自称"总统兵马大将军"，以曾养性、白显忠、江元勋为将军，刘秉政为兵部尚书，萧震为布政使，文武官员各加一级。

尚可喜画像

尚可喜打算顺从康熙的命令，交出权力，但是他的儿子尚之信不同意，还把他囚禁了起来。然后，他和吴三桂、耿精忠一起起兵造反，史称"三藩之乱"。

耿军举事，声势夺人。没几天，福建全省皆归降耿军。为笼络人心，耿军招降纳叛，陆续将各县狱中死囚尽行释放，收归己用。在狱中已关押大半年的蓝理也因此获释。有人劝他投靠耿精忠，对他说，你有一身好本事，却因为知县昏庸，差点丢了性命，不如跟着耿精忠造反算了，说不定还会给你一官半职呢。蓝理不想依附逆党，理直气壮地说："我岂是从贼作乱之人哉！"出狱后，蓝理就回到了老家。

蓝理在家的几个月，正是吴三桂、耿精忠作乱初期。吴三桂的势力，威胁到四川、湖南、陕西、甘肃等地。耿精忠以他驻守的福建为根据地，发兵进攻浙江和江西等地，顺利地占领了多座城池。史书记载，耿精忠部队北上，守城的那些清军将领，要么逃走，要么投降。南部几个省战火遍地，一些像卢质那样的山匪海盗，本来就是和官府作对的，也趁机作乱，助长了叛军的气焰。

耿精忠画像

清军在军事上陷于被动，疲于应付。在这种情况下，康熙一边派兵对付吴三桂，一边分兵征剿耿精忠。耿精忠眼见清军压境，为巩固后方，传檄福建各个府县，让百姓们割发除辫，以表明反清的决心。不按檄文剪发辫的人，全部以通敌论处，搞得人心惶惶。

康熙十三年（1674）四月，清廷命平南将军赖塔部由浙江进兵福建；浙江将军图喇部驻镇杭州，兼防海疆；定南将军希尔根、副将军哈尔哈齐等，率军由江西建昌、广信进兵福建；扬威将军阿密达、镇西将军席卜臣、安南将军华善、镇东将军拉哈达等各统领大兵驻扎在江南京口等处，以备调征，并敕杭州、镇江水师分防海疆。

为充分发挥前线统帅"指挥调遣，无至牵制，守御征剿，足增威重"的作用，康熙特遣亲王、贝勒、贝子等皇族成员前往统帅征剿。六月，他封和硕康亲王杰书为奉命大将军，固山贝子傅喇塔（固山贝子是清朝第四等的皇族爵位，前三等是亲王、郡王、贝勒）为宁海将军，率领驻守江南的喀喇沁、土默特等部赴浙江征讨耿精忠。

康亲王杰书带着平藩大军，驻扎在江南一带。之所以驻扎地离福建那么远，是因为耿精忠已经开始进军浙江，并占据了一些地方。

蓝理想起自己斩杀海盗卢质，含冤入狱，再想要报效官府，心有余悸。但听说康亲王杰书非常英明，心想何不投奔康亲王杰书部队，驰骋疆场，为国效劳！

蓝理投军之前，想到了昔日患难兄弟。于是，蓝理到漳州城找到了柯彩、陈龙、许凤和吴田四个兄弟。蓝理说自己准备投奔清军，问他们是否愿意同去。他们一致赞同，并决定立即动身投奔康亲王。

投军立功　仗义入狱

为了尽快找到康亲王杰书的军队，他们连夜北上避开耿精忠部队，走小路逃出仙霞关。同时，蓝理还细心地记下一些地形地貌。路上，听说康亲王已经带兵驻扎在衢州，于是就直接赶往衢州。

一路奔波，几天后的一个深夜他们到达衢州清军先头部队营地，向先头部队将领说明自己是从福建赶来投靠康亲王的。清营的人见蓝理等几个人前来投军，怀疑他们是奸细，当下就把蓝理兄弟们抓了起来。

蓝理没想到被误会的事再一次发生。清军先头部队将领，竟然下令立斩这帮"奸细"。蓝理等五兄弟当机立断，夺下清兵的武器杀出血路，乘着浓浓夜色死命地向前逃奔而去。跑着跑着，迎面撞上了康亲王杰书带领大军往衢州先头部队的营地赶来。借着火把，蓝理看到帅旗上正是康亲王的字号，立刻迎了上去。清军见有人挡路，就叱问：为何挡道？蓝理说自己想求见康亲王。康亲王不是随便能见的，士兵根本没有把他们几个人放在眼里，大声地斥责，叫他们赶紧让道。幸好康亲王听到了前面乱糟糟的声音，就问是怎么回事。知道是从福建过来的人，康亲王心中暗喜：这不正是我要找的向导么？就说："可以一见。"

就这样，蓝理等人被带到了康亲王面前。见了康亲王杰书，蓝理就将擒匪投军反遭冤案及杀出血路逃出清军先头大营的事禀告康亲王，还叙说了耿

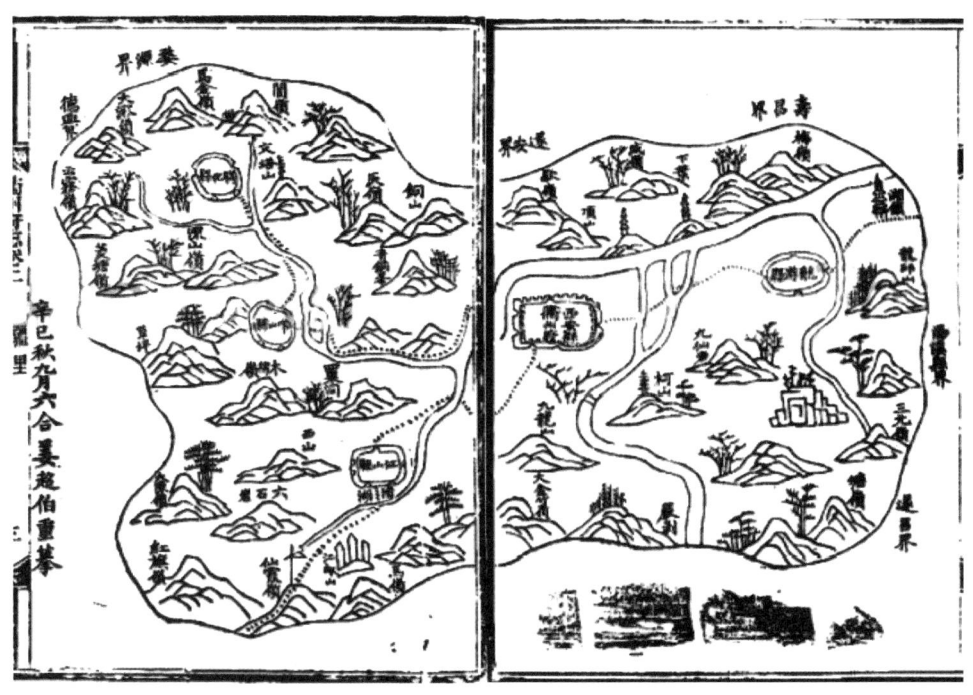

康熙《衢州府志·衢州疆里图》

精忠在福建的军事部署及所作所为。

康亲王向蓝理询问有关福建地形地貌等军情。蓝理是个有心人，将沿路地形都默默记住。所以，蓝理对康亲王的询问能作详细的应答，还提出了自己的见解。康亲王连连点头，不再追究他在清军大营伤人逃跑的事，还让蓝理当了掌旗手，其他四位兄弟一并入伍。至此，蓝理成为一名正式的军人，为他的戎马生涯开启了篇章。

康熙十三年七月，蓝理二十七岁。耿精忠进攻浙江的东路军、中路军，连续攻占了浙江南部、东部的大部分州县。

康亲王从江南出发，一路抗击耿精忠部，并沿途收拾那些流寇盗匪。趁耿军还没来到，先把衢州平定了。衢州历来是重要的军事战略要地，古有"衢踞上游，无衢，是无浙也"之说。

康熙年间龙旗

史书记载，康熙十三年五月二十五日，浙江总督李之芳与平南将军赖塔率军两千五百人自杭州急奔衢州。二十八日，抵衢。这时耿军从南往北，攻占了常山、开化、寿昌（今浙江建德西南）、淳安、处州（今浙江丽水）、义乌、浦江、东阳、汤溪、温州、黄岩等地。

在此形势下，七月初耿军东路先锋、左军都督曾养性率领十万人马气势汹汹地赶来，汇合耿军中路先锋、骁骑将军马九玉，冲着衢州而来，意欲攻占此军事要地。

到了七月五日，清军和耿军在衢州开战，蓝理主动申请打头阵。康亲王见身材高大的蓝理穿上盔甲后，显得更加威武十足，就批准了。于是蓝理担任前军骑兵旗手，追随浙江总督李之芳、将军赖塔征战。

清军走出营地二十几里，在衢州河西岸一个峪岭误入耿军埋伏圈。左右

清六品武官补子 彪

两路耿军冲出掩体,飞矢如雨。清军没有防备,顿时大乱。李之芳亲自带兵冒着矢石执刀督阵,清军众将奋力向前拼杀。奈何耿军有备而来,清军死伤无数。李之芳见状,只好命令清军撤退。

刚上战场就撤退,士气将会受挫。就这么撤了,蓝理心有不甘。于是,后撤了一段路后,蓝理又举旗折了回来,使出他天不怕地不怕的劲,挥动旗子再次冲向耿军。旗子就是进退的信号。清军见旗手前进,以为是李之芳命令再次冲锋,就冒着生命危险迎着耿军勇猛向前冲杀。耿军以为胜利在望了,没想到撤退的清军又杀了个回马枪,反而愣神了。在蓝理挥旗指引下,清军再次奋勇冲杀,反败为胜。此时,康亲王率兵正好赶来增援,闻悉冲在前面的旗手就是蓝理,不由得对蓝理大为赞赏。不久,蓝理由旗手升为绿营把总,官阶正六品。

这一战大挫耿军攻势,耿精忠的中路军和东路军遭受挫折,浙江的乱势稍定。只要扫清浙江东南部的耿军,清军就可以向南进入福建攻击耿精忠的大本营了。

战败的耿军将领曾养性,不愿放弃战略要地。他整合了人马,再次进攻衢州,又被清军打败。就这样,清军连战连捷,收复了义乌、汤溪、寿昌、淳安、常山、嵊县等地。

经过多次战役的锤炼,蓝理丰富了作战的经验,立下多次战功。蓝理从把总升为千总,又升为守备,官至正五品。

十二月,耿军将领徐尚朝、曾养性等带领骑兵和步兵约五万进犯金华。结果被康亲王副都统马哈达等人打得大败,兵损折半,曾养性逃往天台。

康熙十四年（1675）正月，康亲王杰书出兵击败了叛军总兵沙有祥，收复处州。二月，清军收复仙居。曾养性不服输，又率领大队人马，伙同叛军将领朱飞熊所率的水师，水陆两路并进，以骑兵和步兵数万为主力，攻打金华。结果又被傅喇塔击败，退到了茂平岭，暂时盘踞在那里。

清五品武官补子 熊

八月，傅喇塔占领黄岩。曾养性退到温州，又被清军合围。与此同时，清将希尔根亦收复江西建昌（今江西南城）、饶州（今江西鄱阳），击败耿精忠部将白显忠。耿精忠不甘心失败，亲自督兵进军衢州，屡被打败。他又派马九玉率兵屯聚在江山，派邵连登等攻打建昌、抚州、赣州。

三藩叛乱，互有声援。吴三桂看耿精忠这边局势不妙，知道如果耿精忠彻底失败了，对自己没好处。于是他派兵攻占了袁州（今江西宜春）、吉安等地，策应耿精忠，阻止清军南下。

十五年（1676）春，傅喇塔从黄岩出发进攻温州。曾养性守城不出，傅喇塔无可奈何，围了好几个月也没能攻下温州城。就在此时，耿精忠后院起火了，郑经进攻他的大本营。

郑经是郑成功的儿子，台湾政权的继承者。在蓝理还没有因为搬动石狮子闯祸，逃到漳州城的时候，占据东南沿海的郑成功在和清军的交战中就逐渐感觉吃力，地盘日渐缩小，只剩下福建南部沿海的几个地方。从福建东南往北，全是清军的地盘。在清军人数众多，补给充足的情况下，郑成功占据几座城池和清军陆上作战，无疑是没有出路的。大军压境，单是围而不攻，也能把郑军围困死。

于是，就在蓝理搬动石狮子那一年，郑成功把目光投向了台湾。这时，台湾被荷兰人霸占着。很多有识之士对国土被外族侵略切齿痛恨，但却无能为力。

其实在前一年，就有人开始鼓动郑成功攻打台湾。这人就是曾在台湾任荷兰通事的何斌。顺治十七年（1660），何斌因与荷兰人发生债务纠纷逃离台湾，游说郑成功攻取台湾。据《南安县志》记载，他对郑成功说："台湾沃野数千里，实霸王之区。若得此地，可以雄其国；使人耕种，可以足其食。上至基隆、淡水，硝磺有焉。且横绝大海，肆通外国，置船兴贩，桅舵铜铁不忧乏用。移诸镇兵士眷口其

厦门郑成功纪念馆藏郑成功画像

间，十年生聚，十年教养，而国可富，兵可强，进攻退守，真足与中国抗衡也。"通过这段话可以看出，何斌强调台湾的粮食与军用物资充足，贸易位置理想，又有海峡天险。同时他还献上台湾地图，讲解原住民现状以及水路情况。何斌所言，正是郑军所想的。收复台湾既可以一雪民族之耻，立下传世功业；又可以为自己开辟一个易守难攻的根据地，一举两得。不过当时郑成功正在进行反清复明之战，难以分心。

顺治十八年（1661），郑成功终于决定行动了。三月，他召集诸侯伯、提镇、参军等文武议事。然后打出南明王朝"招讨大将军"的旗号，率领十一镇将士共两万五千多人，战船四百多艘，冒着风浪，越过台湾海峡。在澎湖休整几天后，准备直接攻取台湾。

荷兰侵略者把军队集中在台湾（今台湾东平地区）、赤嵌（今台南）两座城池，还在港口沉没船只以阻止郑成功船队登岸。郑军乘海水涨潮将船队驶

进鹿耳门内海，主力从禾寮港登陆。从侧背进攻赤嵌城，并切断了荷兰军队与台湾城的联系。郑军切断赤嵌城的水源，击败从爪哇过来的荷兰援军。经过八个月围困，十二月下旬荷兰军队粮断援绝，于顺治十八年十二月十三日向郑成功投降，荷兰总督揆一及其残兵败将被逐出台湾。被荷兰殖民主义者侵占了三十八年之久的台湾终于回到祖国的怀抱。此战，被誉为天降雄师，是近代第一场欧亚大战。

就这样，郑成功结束了荷兰东印度公司在中国台湾的经营，开启了明郑政权对台湾的统治。郑成功将台湾改为东宁，号称东都。然后又以陈永华为主，在台湾规制法律，确定官职，兴办学校。彼时台湾，肥沃富饶，却地广人稀。于是郑成功又从漳州、泉州、惠州、潮州等地招徕百姓到台湾开垦良田，兴积屯聚。并令众将将家眷迁来台湾，带头扎根台湾，安居台湾，开发台湾。此时，郑氏政权控制台湾、金门、厦门等岛屿，与清军暂时休战。

这一年，顺治皇帝病逝，他的儿子爱新觉罗·玄烨即位，就是康熙皇帝。

17 世纪前期荷兰海军最大的战舰"艾米利号"

郑成功收复台湾图

康熙先后收复了厦门和金门。这样,郑氏集团和清政府形成了划海而治的局面。第二年,郑成功病故,时年三十八岁。康熙皇帝曾写一挽联,对这位收复台湾的名将给予高度评价。此后,台湾的统治权由郑经继承。

耿精忠起兵之前,怕自己势力不够,就联络郑经,与他结成反清同盟。可当耿精忠起兵顺利地攻下了浙江很多地方,就不想与郑经分享战果了。就连郑经想到漳州、泉州招募一些人员补充军队,都被耿精忠拒绝了。郑经一气之下,干脆派兵攻打已经名义上归顺耿精忠的漳州。他之所以这么做,不单单是因为耿精忠耍弄他,还因为驻守漳州的人是黄梧的儿子黄芳度。

黄梧这个人不简单,明朝还没覆亡的时候,他在平和县当差役。崇祯殉国后,他依旧在清朝统治下的平和县当他的差役。但当了两个朝代差役的他,并不甘心一直在底层混迹。他是个有野心的人,因此寻找机会投靠了郑成功。

那还是清朝初年的事情。顺治三年(1646),郑成功的父亲郑芝龙投靠了清朝。郑芝龙本是海盗组织的头目,手下率领着当时东亚最大的海上武装。

明亡后,郑芝龙拥立了一个藩王——唐王朱聿键为皇帝。但郑芝龙这么做,主要是为了政治投机。他架空了朱聿键,一人独揽大权。拥立朱聿键,也不过是因为他姓朱,可以使郑芝龙以正宗朱氏政权的名义号令天下。后来,他见大势已去就投降清廷。但他儿子郑成功,却是坚定的反清复明者。既然父亲不忠于国家,他又何必孝顺父亲?于是,和他父亲分道扬镳,一心忠于大明皇朝。黄梧就在这个时候投靠了郑成功,而且表现得很优秀。

郑成功对黄梧的机智勇敢很赏识,任命他做中权镇左营副将。顺治八年(1651),黄梧又被升为英兵营统领。顺治十二年(1655),升任英兵镇镇帅,不久又改任前冲镇(即海澄)镇帅。不到十年时间,黄梧从一个普通的差役变成了郑氏集团中独当一面的大将,以一个反清复明将领的身份被记录在历史中。

顺治十三年(1656),尚未叛乱的平南王尚可喜攻打驻守揭阳的郑军。郑军在首领苏茂和黄梧的率领下,经苦战后还是将揭阳失守了。郑成功很生气,斩了主将苏茂,又把黄梧记大过,让他戴罪去镇守海澄。

黄梧心想郑成功治军如此严苛,这次是记大过,下次要是再失败,肯定也和苏茂一样下场。于是,他干脆和苏茂堂弟苏明杀了郑军将领华栋等,把郑成功的粮仓和军械库海澄献给了清军。

史料记载,郑成功损失了"粮粟二十五万石、军器、衣甲、铳器及郑军将领私蓄无数"。之后黄梧还多次率领清军打败郑军,后来又推荐施琅为澎湖海战总指挥。他说施琅"仇贼甚深,知己知彼"。更让郑成功恨之入骨的是黄梧向清廷献上了"平海五策",包括把沿海居民迁入内地等。

"平海五策",在金庸先生名著《鹿鼎记》中是这样写的:

韦小宝道:"原来如此,他献的又是什么计策?"林兴珠叹了口气,说道:"这位黄大人,害苦的百姓当真多得很了。他这平海五策,第一条是将沿海所有百姓一概迁入内地,那么金门、厦门和台湾就得不到接济;第二条是将沿海所有船只一概烧毁，今后一寸木板也不许下海；第三条是杀了国姓爷的父亲郑太师；第四条是挖掘国姓爷祖宗的坟墓，坏了他的风水；第五条是将国姓爷旧部投诚的官兵一概迁往内地各地垦荒，以免又生后患。"

韦小宝道："嘿，这家伙的计策当真毒得很哪。"

文中提到的国姓爷，就是郑成功。郑成功原名郑森，因为郑成功的父亲和其他明朝老臣拥立的朱聿键对郑森十分赏识，所以赐他明朝国姓"朱"，又赐名成功，世称"国姓爷"。

再来看看这"平海五策"，别的且不说，就说这第三条、第四条是无中生有。说郑成功的父亲虽然归顺朝廷，住在北京，但和郑成功暗中有联系，应该杀了，又建议挖郑成功祖坟。确实像韦小宝说的那样，太毒了。对郑家人来说，这真是此仇不报寝食难安啊。然而郑成功没有报得了仇，就病逝了，报仇的任务落到他儿子郑经手里。

之前耿精忠起兵作乱的时候，曾派人去联络黄梧，也不管他接不接受，强行封了他一个"平和公"。就是想让他有口说不清，把他拉上贼船。此时黄梧正好重病在身，听说自己被封为乱党的"平和公"，又气又急，含恨而亡。他的儿子黄芳度，只好接受耿精忠封的"平和公"。

既然黄梧已经死了，郑经的主要目标就变成了黄芳度。父仇子报，父债子偿。正好又遇到耿精忠耍弄自己，这口气怎么能咽得下去？于是郑经先派人去联络黄芳度，让他投降，封他做"德化公"。黄芳度虽然迫不得已接受了耿精忠封的"平和公"，表面上是归顺了，却暗中和清朝通着信息。听说郑经又要用相同的手段拉拢他，他支支吾吾不接受，估计是知道接受了也是死路一条。毕竟他爹干的那些事，实在是太毒了，完全断绝了黄家的后路。郑经见黄芳度企图蒙混过关，就下令强攻漳州，并最终攻占了漳州城，二十五岁的黄芳度投井自杀了。

郑经不但攻下了漳州，还先后拿下了泉州、汀州、惠州、潮州。这样，耿精忠后院起火了。

康熙十五年（1676）五月，耿精忠因为郑经在福建攻城略地，所以撤走江西建昌的耿继祚部。康熙得知后，指示康亲王杰书先放弃攻打温州城，趁机进入福建，一边大军压境，一边进行招抚，攻城和攻心双管齐下。

这时候的蓝理，已经升任为绿营军官都司，官阶为正四品。又因为他对福建地形地势了解，所以杰书接到朝廷旨令后，在召集固山贝子傅喇塔、浙江总督李之芳之后，同时也让绿营军官都司蓝理一起研究军情。

大家认为兵贵神速。清军要趁着耿精忠后院起火的机会，快速杀奔福建。所以，要先舍弃温州。那怎么行军呢？如果绕过温州，沿海进取福建，又恐怕耿精忠所部会退往福建西北部。所以傅喇塔建议从仙霞关进入福建，李之芳、蓝理也赞同他的提议。

仙霞关位于今浙江省江山市保安乡南仙霞岭上，地处福建、浙江、江西三省交界处。东西与高山相连，南北有狭路沟通，以雄伟险峻驰名，是古代衢县（今浙江衢州）往来建州（今福建建瓯）之咽喉要地，素称"两浙之锁钥，入闽之咽喉"，历来为兵家必争之地。

清四品武官补子 虎

仙霞关存有四道关门，十余里麻石垒砌的古道，有中国保存最完整的唐末黄巢起义遗址。唐乾符五年（878），黄巢起义军就是从仙霞关进入福建，攻取各个州县。如今这个遗址是浙江省级重点文物保护单位。

意见统一后，清军先击溃驻扎在衢州大溪滩的耿军副将林福部，趁胜收复江山县的。然后康亲王杰书命令左镇总兵刘显芳、满洲副都统胡图、绿营都司蓝理等人,率兵连夜出发,挺进九龙山。盘踞在九龙山的耿军部队被击溃,将领马九玉带着几十个人逃走。之后清军又收复常山,直接奔向仙霞关。本以为会是一场攻坚战,不料仙霞关的守关将领金应虎投降了,清军兵不血刃就得到了仙霞关这一兵家必争之地。拿下仙霞关后,蓝理又升了一级,被任命为建宁游击,官阶为从三品。

康亲王的平藩大军进了福建,却在蒲城石塘受到了阻碍。这个地方也是浙江进入福建的要塞,耿精忠命令都尉连登云重兵把守,阻拦清军。双方都投入了很多的兵力,最后清军力战破城。

当时,耿精忠内外交困。内部军饷不足,士气不振。百姓怨声载道,失去了兵心和民心。外部三位藩王之间相互猜忌,郑经又趁乱而入,占据了福建大部分地方。所以,耿精忠可谓是四面楚歌,濒临绝境。

仙霞关旧貌

康熙传旨康亲王,耿精忠将要分崩离析,可对他采取招抚政策。果然,耿精忠几经思量,最后率文武官员出城归降。康熙仍保留了耿精忠靖南王的封号,命令他随清军一起征剿郑经,立功赎罪。这个时候,和蓝理交战好几次的曾养性还在全力守着温州,听说耿精忠投降了,随之他也投降了。

之后,清军先后平定了广西将军孙延龄、广东平南王尚之信、陕西提督王辅臣等人的叛乱。最后,只剩吴三桂和郑经两大势力了。

康熙十六年(1677)六月,郑经在清军的攻势下,接连失去了漳州、惠州、潮州等六个州府,只能退到了金门、厦门。

这时,康熙下旨对郑经实行"剿抚兼施,着重于抚"的政策。因为这个时候的郑氏集团,实力强大。郑经从郑成功手中接掌台湾以来,悉心开发。他委派得力助手陈永华到南北二路各社劝导诸镇开垦,栽种五谷,蓄积粮食,插蔗煮糖;大力吸引漳州、泉州、惠州、潮州等地大批流离失所的无业穷民,到台湾开荒造田。一批新的村镇,如郎娇、彰化、云林、新竹等陆续出现;在濑口地方修筑丘埕,泼海水为卤,曝晒作盐;教民众种植棉花,从事纺织;教民众取土烧瓦,往深山伐木斩竹,起盖庐舍;设立围栅,严禁民众赌博。

郑经还不断扩大海外贸易:在海上每隔六十里设一站,自漳州府南行海路,共设有十二站,从台湾到吕宋设二十四站。

厦门郑成功纪念馆藏郑经画像

以澎湖为门户,同日本、吕宋、交趾、暹罗、六昆、柬埔寨、噶喇巴、东西洋等地进行通商贸易。日本的金银、药材、珍珠、翠羽,吕宋等地的苏木、胡椒、檀香、降香、苏合香、象牙、丁香,都经由台湾运到世界各地,台湾也因此获利丰厚。除了从日本、吕宋和西洋各国进口粮食外,还有大量盈余。

为打破清朝政府的经济封锁,郑经还采纳陈永华的建议,收降镇海太武山江胜及其部众数百人,派他们偷偷驻在厦门,建立据点,开展海上贸易,接济台湾。

郑经还积极发展军事力量,继承父辈耕战结合的政策,各镇营凡农隙时,教习武艺弓矢,春秋两季则操演阵法。令南北路各镇入深山穷谷中采伐木材,或遣商船前往岛外各港购买船料,教工匠修葺艍船或造各种战舰船只,装载白鹿皮、蔗糖等物运往日本。购买物料，制造铜熕、倭刀、盔甲，强化军事力量。

在这种形势下，康熙想要招降郑经，以避免与其正面交战。其实这和谈工作，早在郑成功在世时就开启。那时清廷诚意很足，愿意封郑成功为海澄公，并把泉州、漳州、惠州、潮州四府划给他驻军。然而，郑成功坚持不剃发，和谈失败。

康亲王杰书派使者到厦门劝降，希望郑经退出福建等地，回到以台湾为主的东南沿海各岛。康亲王还说，会向康熙皇帝提请"以朝鲜事例，称臣纳贡，通商贸易"。郑经听了犹豫不决，郑氏集团的得力干将冯锡范坚决反对。

冯锡范是福建龙溪人，是台湾郑氏集团的主要将领之一，他的父亲就在郑成功手下任职。郑成功去世后，弟弟郑袭和儿子郑经争夺权力，各有拥护者。冯锡范是坚决拥护郑经的，在郑经击败郑袭，夺得台湾统治权的斗争中发挥了很大的作用。他和建议郑经开垦台湾的陈永华，还有另一位主要将领刘国轩，一起被称为"台湾三杰"。

冯锡范觉得杰书给的条件还不够，他要求"照先藩之四府裕饷例"，要清廷给粮饷各守岛屿，并将厦门的门户海澄作为往来公所，才答应退兵。这些条件杰书没有答应，和谈失败。于是，清军再次在东南沿海施行海禁。上自福宁，下至诏安，把百姓都迁到内地，并筑界墙守望。凡是险要的地方，都添设炮台，严密封锁，千

康熙年间平定三藩作战图

方百计断绝郑军粮饷来源。清军和郑军之间，陷入了僵持的局面。

康熙十七年（1678）九月，不甘被困的郑经又派刘国轩、吴淑等人由厦门直接取道江东桥，进兵漳州。

刘国轩位列"台湾三杰"之一，他本是清朝的命官。前面提到过，在蓝理七岁的时候，郑成功曾攻打过崇明，同时他还派兵围攻漳州。那时候，清廷委任的漳州千总正是刘国轩。他眼见不敌，献出了漳州城，归顺了郑成功，成为郑成功的得力大将。郑成功去世后，他又辅佐郑经。

江东桥，亦称柳营江桥。在漳州城以东，横跨于九龙江北溪下游。这里地处九龙江北溪与西溪交汇入海处，两岸峻山夹峙，江宽流急，地势险要，古称"三省通衢"。相传，建桥之初桥墩屡建不稳，偶有猛虎负子过江，遂依虎道勘得水中礁石就石垒墩，桥墩遂固，故名虎渡桥。而《漳州府志》卷六则说，此处"为郡之寅方，因名虎渡"。

江东桥地势险要，扼漳厦泉交通之要道，历来为兵家必争之地。而要取道江东桥，必先夺取万松关。万松关坐落于岐山与鹤鸣山之间，东邻江东桥，

江东桥

与瑞竹岩毗邻，面临九龙江西北两溪合流处。自六朝以来，历经战火。清初，清军与郑军多次在此交战。

郑军这次集结了优势兵力，强行攻打漳州，守关的清军被迫退回漳州城。郑军攻占了江东桥、石码、海澄后，吴淑领十一镇万余人马扎营于松洲、浦南等处，离漳州仅十余里。刘国轩等人率十七镇一万三千人马安营龙虎山、蜈蚣岭，直逼漳州北门。

此时的漳州守将是黄梧的侄子、黄芳度的堂弟黄芳世。康熙十五年，郑经攻打漳州找黄家报仇的时候，黄芳世和他的弟弟黄芳泰曾带兵来救援漳州。但这时候尚之信也叛乱，他们想要赶到漳州，障碍重重，最终漳州城还是被攻占。堂兄黄芳度投井自杀，他们俩只好退守到广东惠州。耿精忠兵败，郑经也被赶回台湾。为了安抚他们，康熙让黄芳世继承了海澄公的爵位，并任命黄芳泰为江南省京口总兵。漳州城被清军夺回后，黄芳世又重新镇守漳州。同时，康亲王杰书派蓝理等将领一起驻守漳州重镇。

此时，黄芳世眼见郑军兵临城下，主动向康亲王请示出战。但黄芳世哪里是刘国轩的对手，很快就被打败逃回漳州城。惊惧之余，抱病而亡，由其弟黄芳泰继承海澄公封号。

康亲王亲自督战，自寅至午，战况惨烈，最后清军东西夹击，大败郑军。郑军遁逃至云英渡，却无舟可渡，溺死者不计其数。丢弃的旗帜、盔甲、布幔、辎重，满山遍野。刘国轩与吴淑率部败退至石码、海澄。

解了漳州之围，康亲王杰书派蓝理等将领乘胜包围了吴田镇守的长泰。康熙十七年（1678）九月二十三日，姚启圣呈奏《恢复长泰县城事本》：

总督福建等处地方军务兼理粮饷、兵部右侍郎兼都察院右副都御史臣姚启圣谨题，为飞报恢复长泰县城事。

窃因海贼窃踞沿海各县，而惟长泰、同安为通省咽喉，较之别县最为紧要。本月二十日，臣等亲督满汉官兵大败海贼，逼河下营，已经题报在案。

今于二十二日，臣等复亲督官兵渡河攻击，架炮打死逆贼一千余名，中伤者不计其数，投出逆贼副将郭正中等二千一百七十三员名，余贼乘船逃脱。臣遂遣臣自膳标兵三千二百员名，令随征总兵魏自禄，外委游击杨彪、张旺、建宁游击蓝理统领，前赴恢复长泰县城，已于二十二日巳时入县安民讫。复分遣官兵搜巡朝天岭、龙江等处。从此大路疏通，一候泉州大兵到齐，便可会商进剿机宜。但海寇狂逞异常，仰仗皇上威灵，海贼战败遁逃，则宁海、平南两将军及臣与抚提诸臣及各路官兵，正宜乘胜细商，合兵大举，灭贼平海，正在此时。所有进剿机宜，容臣会商另报。

今将恢复长泰县城，理合密疏具题，伏乞皇上睿鉴施行。

（摘自《康熙统一台湾档案史料选辑·忧畏轩奏疏》）

长泰古寨遗址

长泰在郑军吴田的指挥下，勇拒清军，清军屡次进攻都被打退。都统赖塔令蓝理率部驰援。蓝理率兵到了长泰，以众兄弟的名义给吴田（蓝理在漳州浦头大庙结拜的五兄弟之一）写了封信。可吴田还是想着郑经对自己的厚恩，执意死战。

蓝理无奈，只能强攻。他先将长泰县城近郊几处郑军逐一消灭后，最后合兵进攻长泰县城。吴田见大势已去，拔剑自刎而亡。

蓝理、柯彩、陈龙、许凤等人悲痛不已，想起当年患难岁月，潸然泪下。他们选了个风水宝地安葬了吴田。

收复长泰后，清军又陆续夺回了石码、海澄等地，郑军退回到厦门、金门。

康熙十八年（1679），蓝理升任灌口营参将，官阶正三品。灌口属于厦门，灌口南边是集美，集美南与厦门岛一水相隔，厦门岛上驻扎郑军。因此，灌口成为清军和郑军对抗的最前沿阵地。此时，朝廷中已经有人开始主张要用武力收复台湾。

就在蓝理担任灌口参将的时候，他再次被关进了大牢。明明是作战勇敢的有功之臣，怎么又会遭受牢狱之灾？其中的原因与时任福建巡抚姚启圣有关。

姚启圣，浙江会稽（今浙江绍兴）人，从小就有豪侠之气。顺治初年，清军占领江南。姚启圣前往通州，受到当地土豪的侮辱，因而投靠清兵，后被委任为通州知州。姚启圣随即将欺负自己的土豪抓捕杖杀，然后潇洒地辞官而去。一次他游萧山，遇见两个兵卒抢掠女子，上前佯装好语相劝。见机，他夺取士兵的佩刀杀了兵卒，救下女子，又送她回家。

康熙二年（1663），姚启圣在八旗乡试考中第一名，被授予广东香山知县。前任知县因财政亏空数万而被下狱，姚启圣代为偿还。不久，因不忍心见百姓受海禁之苦，擅自开放海禁被罢官。耿精忠叛乱之后，姚启圣与儿子姚仪招募数百兵丁，赶赴康亲王麾下效劳，被委任诸暨知县，剿平了紫山土寇。

康熙十四年（1675），康亲王将姚启圣的功绩上奏康熙，姚启圣被破格提拔为浙江温处道佥事。在平定耿精忠叛乱过程中，他立下了功劳。耿精忠投降后，姚启圣任福建布政使。此时吴三桂还没被平定，他麾下有一个叫韩大任的将军，骁勇善战，被称为"小淮阴侯"，试图与郑经会合后一起对抗清军。姚启圣知道后，亲自上门劝降韩大任及其部卒三千人，使他们投靠了清军。

清三品武官补子 豹

康熙十六年（1677），姚启圣随康亲王攻克邵武和兴化，收复漳州和泉州。总督郎廷佐上奏康熙称姚启圣与其子姚仪屡获战功，而且捐银五万多两购买军马、甲胄、弓箭等。康熙下诏嘉奖，晋升他为福建总督。

灌口是闽南交通要道，时不时有清军过境。过境的清军大多是向灌口索取军需，蓝理对此非常为难。

时任福建总督姚启圣驻守漳州，筹划沿海防务。这一日，姚启圣派几个亲兵来索取军需。临行，他再三叮嘱亲兵要尊重蓝理。但是亲兵自恃身份，言语无理，被蓝理教训了一番。这几个亲兵怀恨在心，在姚启圣面前说尽蓝理的坏话，挑拨说，打狗也要看主人，蓝理根本不把总督大人放在眼里。姚启圣心里不快，但嘴里没有说出来。

后来，姚启圣命蓝理随同分守高浦。但蓝理坚持灌口位置更加重要，以没有康亲王的命令不能擅自离开为由拒绝了姚启圣的调动。这件事，让姚启圣忍无可忍。于是，他上疏弹劾蓝理"虚报兵额，冒领军饷"，将蓝理革职，永不叙用。

恰在此时，蓝理帐下一个兵丁和他人斗殴，失手打死了人。他怕被判处死刑，到蓝理面前哭诉。他说自己没有兄弟，一旦判了死刑，老母就无人赡养，请蓝理想办法救他。

杀人偿命，蓝理也没有什么好办法呀。但又一想，自己虽被革职，好歹也是当过军官的人，替他顶罪的话，还不至于被判处死罪。于是，蓝理主动到官府投案。地方官府见是蓝理，急忙报告姚启圣。姚启圣回话说，蓝理已是革职之人，所犯命案由地方官府审讯处理。

堂审时，蓝理承认是自己失手打死了人。地方官便将蓝理杖打之后，投入大牢。蓝理入狱，他的好兄弟们急忙求见康亲王。康亲王念在蓝理屡立战功的份上，写了一封信函给姚启圣，建议从宽处理。最后判处蓝理监禁三年，关押在漳州，永不叙用。

破肚将军

伯乐举荐　平台先锋

康熙二十年（1681），东南沿海南明政权全被扫平，西北噶尔丹叛乱暂告平息。中国内地统一，只剩下了据守台湾的郑氏政权。此时，蓝理已是三十四岁的中年汉子，仍被关在牢里。

台湾郑氏政权的开创者郑成功，于康熙元年（1662）因病去世。他的儿子郑经凭借着地理优势，继续和清廷对峙，成了清廷最难统一的一个岛屿。郑经去世后，冯锡范杀害了郑经的大儿子郑克臧，把自己未来的女婿、年仅十二岁的郑克塽（郑经的小儿子）推到了王座上。

当时，清廷大臣们在台湾问题上存在"弃"和"攻"两种意见。所谓"弃"，就是主张不要急于收回。理由是台湾孤悬海外，地广人稀，且郑军善于海战。而满洲骑兵只善于陆战，要在海上战胜以水为家、以船为命的郑氏集团，难度很大。所谓"攻"，就是主张收回，越快越好。毕竟天无二日，国无二主。

"弃台"是不现实的。以财力来说，

厦门郑成功纪念馆藏郑克塽画像

万正色画像

为了防范郑氏政权,清政府必须在福建等沿海地区驻守大军。有驻军就要产生费用,光是每年军饷等费用至少需要二百三十多万两银子。这还没算购买军器和弹药、建造和维护战船等开销。同时,为了断绝郑氏的补给,清廷在福建一带实施"禁海迁界"政策,以至于沿海数百里,几乎没有人烟。老百姓流离失所,自然无能力向政府纳税。除了经济问题,流寇频出还造成了社会治安的不稳定。

康熙成功除鳌拜、撤三藩、平定噶尔丹后,开始谋划统一台湾的大业。他深知清朝军队不善于海战,因此布局谋划,选拔人才,任命万正色为福建水师提督,致力于建立一支训练有素的水师队伍。

万正色(1637—1691),福建晋江人。康熙三年(1664),因招降海盗陈灿有功,被提拔为陕西兴安游击将军。后来他跟随西安将军瓦尔喀平定吴三桂叛乱。康熙十五年,加太子少保衔,调任福建水师总兵,继而提升为水师提督。在康亲王征战福建、平定耿精忠叛乱时,他出了不少力。

除了提早开始组建水师外,康熙在等待一个平定台湾最有利的作战局势。康熙二十年(1681),郑经去世,冯锡范杀郑克臧,把郑克塽推上王座。得到消息的福建总督姚启圣认为这是个好机会,就上奏给康熙皇帝。康熙认为,这就是他一直在等待的战机。本来明郑势力在郑成功去世后,就开始走下坡路。如今郑经又去世了,内部争权夺势,钩心斗角。此时不战,更待何时?

此刻,即位二十年的康熙决心趁机攻打台湾。当他下旨准备收复台湾时,福建水师提督万正色却反对出兵台湾，他认为应该以防守为主。万正色担任福建水师提督后，带领这支水师在海疆防御战以及收复厦门、金门、铜山等战役中屡建功勋。此时，他却提出反对意见，令康熙大为失望。于是，康熙把他调任为陆路提督。同时，确定了新的水师提督人选——施琅。

施琅起初是在郑芝龙部下，郑芝龙投降清朝，他也跟着归顺了。不久后他又离开郑芝龙，追随郑成功，成为郑成功的得力助手。施琅在担任郑成功属下先锋的时候，有一个亲兵犯了死罪，施琅要抓他，他却逃到郑成功那里，成了郑成功的亲随。施琅坚持要将这个人处斩，郑成功却要施琅网开一面，最终施琅还是把他抓来杀了。郑成功怀疑施琅有反叛之心，下令要将他逮捕。施琅听到消息后，就逃走了。他这一逃跑，反而让郑成功更加怀疑他。于是，郑成功把他的父亲施大宣、弟弟施显及一个儿子和一个侄子都杀了。施琅归顺清朝后，郑成功怒火中烧，又把施家上下七十多口杀害。这也就是黄梧向清朝廷举荐施琅时，说他"仇贼甚深，知己知彼"的原因。

施琅纪念馆石雕像

康熙二十年七月，康熙任命施琅为福建水师提督，加封太子太保，授靖海将军衔，赐福建水师提督府。随后，康熙又召见了施琅，亲赐御食和鞍马一匹，嘱咐他一定要与文武官员同心协力收复台湾。施琅任福建水师提督后，与福建总督姚启圣协同为收复台湾积极备战。同时，配合姚启圣做好郑军的招抚工作。

要收复台湾，施琅迫切需要一支有勇有谋、熟悉海战的福建籍将士众多

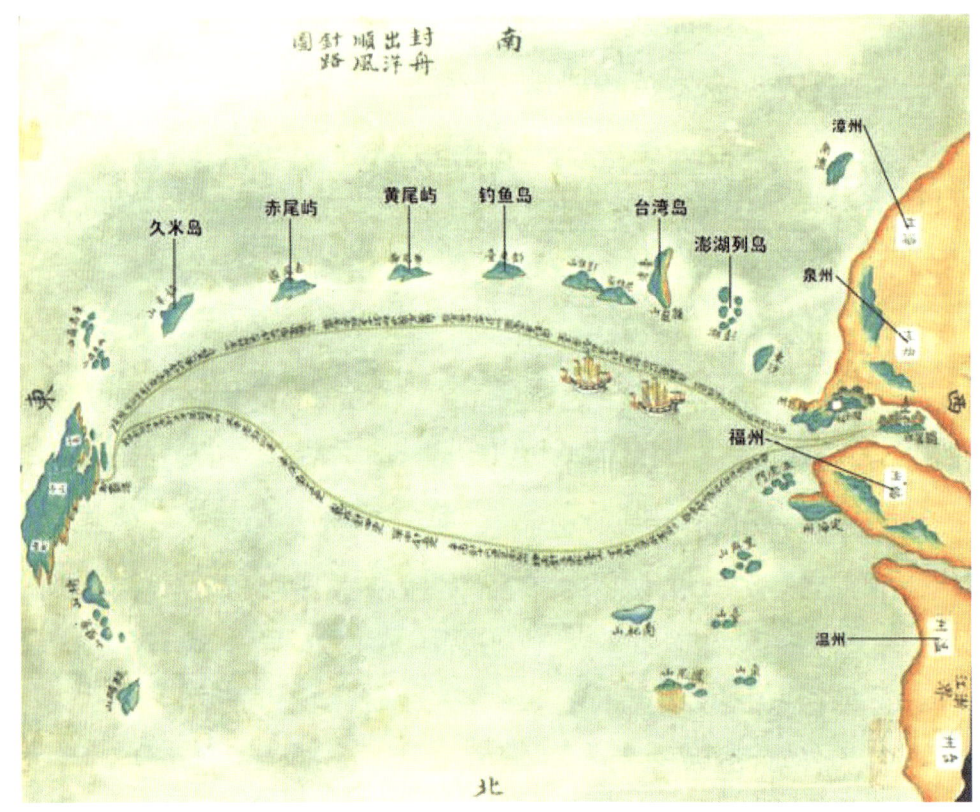

古地图中的福州、泉州、漳州、澎湖与台湾

的队伍。他求贤若渴,听说在漳州监狱里有个叫蓝理的,熟悉海事,作战勇猛,就"不拘一格"奏请朝廷。他奏报说,战事当前,急需人才,要求提前释放蓝理。兵部认为蓝理的案子已经审结,不但监禁三年,而且出狱后永不叙用,因此,没有批准施琅的奏请。后来大学士李光地等人再次推荐蓝理,由康熙下旨,蓝理才得以特释重返战场。

施琅任命蓝理为右营游击领舟师,任命其胞弟蓝瑗为左营游击领舟师,负责整船练兵。蓝理还把族侄蓝法、胞弟蓝珠等都召集在施琅麾下。

这里的游击是武官名,始于汉代,称游击将军。后来从唐至清,仍沿用为武官的官阶。清代游击是从三品,位居参将之下。正一品至正三品,称为堂上官。从三品到正七品，只能称为堂下官。

史料记载，清朝在全国设置游击达三百多人。人数如此之多，也可以知道游击并不是什么大官。这是因为蓝理本是戴罪之身，破例再次启用，需要立战功后才能酌情提拔。

蓝理倒不计较这些，他感激施琅的知遇之恩，使他重新跨入报国之门，实现其"丈夫不封侯拜将非人也"的夙愿。蓝理与弟兄们为报答施大人的厚恩，"夜以继日，废寝忘食"地投入到整顿船只，训练水兵，组织工匠制造军械等战备中。他们练兵尽力，带兵尽心，把以前积累的军事知识用到了训练水兵、海上作战的演练中。后来，蓝理及他的兄弟们在海战中勇猛如虎，被称为"蓝氏四虎"。几个月后，原本薄弱的清军水师在施琅的调教下，在蓝理等将士们的努力下，变得"船坚兵练，事事全备"，不仅熟悉了海上作战的环境，还配备了精良的大炮和坚固的战船。

在蓝理跟随施琅加紧练兵备战的同时，姚启圣紧锣密鼓地对台湾郑氏部属采用招抚政策，希望能逐渐瓦解郑氏集团。他的这个政策，起了一定效果。毕竟冯锡范扶持的只是一个十来岁的傀儡郑克塽，台湾岛上政治氛围已不如当年。据记载，将士们经常在交谈中说："清廷大军一到，我们便离开郑氏归顺清廷。"台湾百姓人心惶惶，纷纷思归。

这时，姚启圣启用了一个叫作黄性震的人。黄性震曾投奔郑军，担任过千夫长。后来他见郑氏集团越来越混乱，就离开台湾回到福建老家漳浦县。听说姚启圣在集思广益，征集对郑氏集团进行招抚的良策，黄性震凭着他对台湾政局的熟悉献上了"平台十策"。

黄性震画像

"平台十策"核心内容是招抚,包括在台湾郑氏集团内部进行反间、攻心。对于投诚过来的文臣武将,给予官服车骑,授予官职;对投诚的士兵尊重其意愿,愿意入伍者接纳入伍,拨给饷银;对于想去种田的安置他们去种田,发给田地和耕牛等。

康熙二十一年(1682)初春,施琅认为经过半年多备战,强攻台湾条件已经具备。他上疏说:"五月先取澎湖,扼其喉,拊其背,逼其巢穴,使其不战自溃,内谋自应。候至十月,乘小阳春时,发动大军进剿,立时荡平。"

姚启圣则持不同意见,针对施琅的请战奏疏,他也提出了自己的意见。说施琅:"仅仅出之于报国心急,灭贼心坚,冀血战破贼而已。"就是说此时攻打台湾,必然会付出巨大伤亡,还不一定能打赢,主张继续招抚。尤其是在"平台十策"实施以后,共招抚台湾官兵百姓以及内地原先归顺者达十几万人。那些觉得留在台湾没前途,又没来清政府报名领取土地自己散去的还没计算在内。

由于成果显著,姚启圣过分依赖招抚政策。他还觉得施琅的水师和郑军水师战斗力悬殊,加上郑军在施琅上任福建水师提督后加强了战备防御,在这种情况下,怎么能轻易去攻打台湾呢?所以,主张以招抚为主。

康熙听取多方意见后,打算再次进行和谈。姚启圣便派人去和谈,冯锡范等人仗着郑军海上作战经验丰富,又有台湾海峡作为天堑,并无归顺之意,因此,和谈时还是提出原来的条件。如朝鲜、琉球(现属日本)一样,对清廷称臣,并交纳供奉。但不登岸,不剃发,不易衣冠。说白了,就是想独立于海外,做一个享有很大自

铜陵镇施琅水师指挥台

由度的附属国。这些条件要是能接受的话,早在郑经时期就接受了。结果,和谈破裂。

这时候的施琅也是很郁闷,明明是带着收复台湾的使命来的,如今战备工作完成了,却不能出征。决心强攻的施琅,干脆绕过姚启圣,密奏朝廷,请求独揽清剿郑军的大权,如果失败,甘愿以全家性命被治罪。

康熙召集群臣进行商议,觉得两人共同担当,难免会彼此牵制。所以最后同意由施琅负责攻台事宜,姚启圣给予配合。姚启圣也是胸怀宽广的人,起初有些抵触,但很快就理解了,并担任起后勤供给保障事宜。

康熙二十二年(1683)初,台湾郑氏集团内部更加混乱,从澎湖和台湾前来归降的郑军官兵越来越多,施琅觉得最佳战机到来了。于是上奏朝廷,择日进攻台湾,得到了康熙同意。对郑军开战,使蓝理终于有了报效朝廷、施展其军事才能的舞台。

在进军时间上,施琅和姚启圣各执一词。姚启圣认为夏天多台风,主张冬天出发。施琅认为冬天多刮北风,而清军是从南往北攻打,北风有利于郑军,所以主张夏天出发。最后康熙决定:一切关于进攻台湾的问题都由施琅决断。

四月份,施琅率领水师聚集在铜山(如今的福建东山岛)、古雷,等待信风刮起。"信风"指的是随时令变化,定

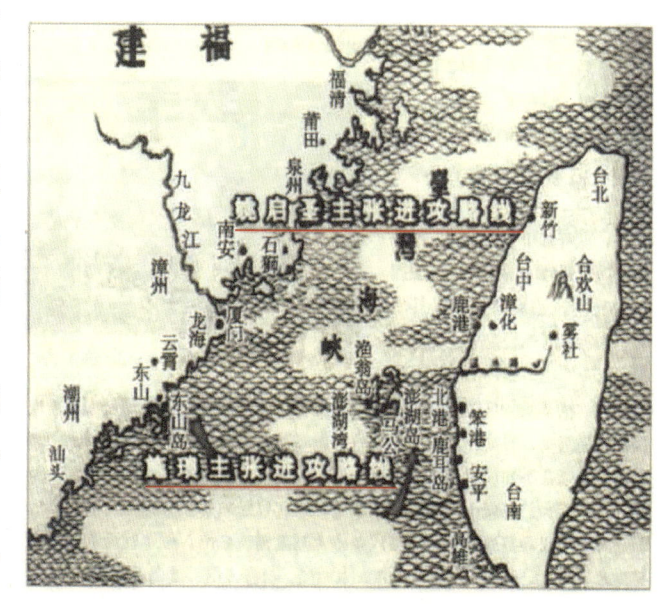

姚启圣和施琅分别主张的进攻台湾线路图

期定向而来的风。这种风的方向年年如此,所以叫"信风"。施琅等候的就是夏季刮起的南风。铜山在澎湖西南方,两地相距80海里(约150公里)。夏季利用南风前往澎湖,选择此地起航最为理想。

蓝理遵施琅命令,带着大队人马驻扎铜山岛平海澳。平海是一个小渔村,金色沙滩连绵五里长。万余人的军队到达后,官兵饮用水成了问题,蓝理与施琅一筹莫展。民间传说,妈祖显灵竟然解决了数万兵马用水难题。《中国民间故事集·福建·漳州分卷·涌泉济师》写道:

康熙二十一年十月,老将施琅奉旨东征,因为信风关系,全体水师集结在铜山岛(就是现在东山县),一部分水师就驻扎在平海澳,约二万人马。当时由于内迁政策,从前居民住宅的水井早被填死了,只有天妃宫前一口方井还有水源,可供渔民百口人家饮用。由于井浅,距海不远,水味十分咸苦。

施琅在莆田县铜山平海湾屯师出征台湾遗址

平海镇天后宫

现在大军突然集结在平海,淡水不济,二万军士怎么生活呢?

施琅将军大伤脑筋,想不出办法来,见有天妃行宫,便想祈求于神助。于是他亲自率领众文官武将,以及全体士卒,一齐焚香跪拜在宫前。施将军祝祷神明道:"本帅奉旨东征,大军暂住贵方,由于淡水不济,生活饮用艰难,希望凭借神力,俾使甘泉源源不绝,可足军需。胜利凯旋后,当奏明圣上,为神请封。"

祝祷完毕,施将军命令军士淘井,还没挖深几尺,泉水忽然汩汩涌出,水味甘洌无比,三军欢呼称奇,都感激天妃灵验。这口水井,从早到晚地汲水,供二万人日常饮用还有余。于是施将军大喜,欣然命笔写《师泉井记》,刻石立碑,竖于井畔,以志不朽。

说来也怪,等到水师东征后,这口水井的日供水量又恢复到从前一样,仅供百口之家,不过水味仍保甘洌。

这则民间故事把蓝理和施琅找水源的过程写得很详细,天妃助力找到水源,施琅尤为高兴。他写下了"师泉"两字,并刻碑竖于井旁,施琅还写了《师泉井记》,刻石立碑于井侧。

明郑集团得到清军要攻打台湾的消息后,由刘国轩担任防御任务。刘国轩是一位很有军事天赋的武将,从郑成功时期就开始投效郑氏集团,围攻漳州打败黄芳世的就是他。他提前派兵加强澎湖列岛的防务,积极做好应战准备。

澎湖群岛位于中国大陆与台湾之间,由64个大小岛屿组成,面积共136平方公里。其中最大的岛叫马公岛,又名彭湖岛。其西南有两个海湾相连,风平浪静时,看上去一如平静大湖,故叫平湖。闽南话"平"与"彭"音近,"平湖"读成"彭湖",后来再演变成"澎湖"。澎湖岛是台湾咽喉之地,其具体位置是在台湾西部海峡中,往东24海里(45公里)就是台湾台南,往西北75海里(140公里)就是福建泉州。澎湖岛与其西、北之渔翁(西屿)、白沙岛(北山屿)合抱成一海湾,称澎湖湾。

平海镇天后宫面朝大海

由于澎湖处在闽台往来必经的航道上,是漳泉门户,历来被称为"东南锁钥",具有特殊的地理位置。从明朝起就被葡萄牙人、西班牙人称为"远东海上走廊之咽喉",是军事要冲及重要的移民中继站。《台湾府志》记载:"海中岛屿最险要而迂回则莫如澎湖,盖其山周回数百里,险口不得方舟,内溪可容千艘。海中旧有三山之目,澎湖其一耳。东则海坛,西则南澳,诚天设之险,何可弃以资敌。"

早在宋代,泉州知府汪大猷就遣将在此留屯。元代正式在此设立澎湖巡检司驻守。明末清初郑氏据台抗清,澎湖就成为台湾郑氏集团的前沿阵地。因此,攻台必取澎湖。只有这样才能扼其咽喉,对台湾本岛形成致命的威胁。也正因为这些原因,郑氏政权向来十分重视澎湖军事防务工作。

刘国轩得到清廷要攻打台湾的消息,就开始了战备工作,准备把清军防御在澎湖之外。当时澎湖守军只有六千多人,兵力不足。于是刘国轩在本岛部队中挑选精兵强将,又从各地抽调了不少的民兵,凑了两万多人。他还征集私人船只,把一些远洋商船也改为战船。最后把大小军官的亲属都囚禁起来,绝了他们投降的念头。准备就绪后,刘国轩来到了澎湖,他把两万多士兵和两百多艘战船部署在各个要隘,自己驻扎在澎湖湾东南侧娘妈宫(今马

清代绘制的《捐建澎湖西屿浮图图说》。西屿是船只来往台湾和厦门的必经之地

刘国轩塑像

公港）。

澎湖湾南北各有狭窄的出口，湾内则港阔水深，可以停泊近千艘船舰。娘妈宫港由澎湖岛的马公半岛与风柜半岛环抱而成，东西长5公里，南北平均宽2公里。这里地形险要，海岸曲折。港外时常有海浪激涌，还有很多的暗礁，船来了也难以下锚停泊。港内又是另一番天地，风平浪静似一个"大湖"，只有一条水道进入"湖内"。除非是非常熟悉地形，否则不敢轻易进入澎湖湾。娘妈宫易守难攻，是天然的良港和重要的水师基地。

刘国轩到了娘妈宫，马上坐快船巡视各个岛屿。凡清兵有可能登岸的地方，都加强防御工事。他在娘妈宫屿建了两座炮台，又在风柜尾、四角山、鸡笼山分别各建了一座炮台，在东、西峙和西屿头各建了四座炮台，在牛心湾建了一座炮台。把大炮移到岸边，沿海凡是可以靠岸的地方都建起矮墙，派火枪队把守。他又部署防守兵力，派了12镇部队防守各个关隘和炮台。沿海处密布大炮和火枪，以远程火力阻止清军靠岸。海上有战船225艘，构筑了一个自认为无懈可击的铜墙铁壁，严阵以待，决心与清军在澎湖决一死战。

当时双方的军备实力：郑军两万多人，炮船38艘、鸟船54艘、洋船5艘、赶缯船88艘、双帆船40艘；清军两万多人，大鸟船70艘、赶缯船103艘、双帆艍船65艘。双方兵力处于伯仲之间，难分高下。

在刘国轩部署防守兵力的同时，施琅也加紧备战。六月十一日，他召开了战前会议，进行战前动员、布置战术、确定先锋人选等事项，鼓励大家奋勇争先，英勇杀敌。当时，他并没有指派谁做先锋，而是取出先锋银锭放在

郑军澎湖布防图

桌上，宣布谁愿意做先锋的可以来领走这些银锭。《台湾外纪》卷九中记载："征剿澎湖，谁敢为先锋者，领取！以便首先冲艘破敌。"当时，施琅以为"重赏之下必有勇夫"。可是接下来的情形让他有些尴尬——没有人敢来领取先锋银锭。在场的众将知道，刘国轩不是无能之辈，且占有天时地利的优势，要当这个先锋责任重大。一时无人出列前来领取。好在这种尴尬场面很快被蓝理打破。蓝理挺身而出，朗声说道："蓝理愿领先锋银锭。"他从施琅手上接过先锋银锭，同时也许下了要为平定台湾粉身碎骨在所不辞的誓言。这一刻他非常激动，将要为实现"丈夫不封侯拜将非人也"的誓言而上战场。另一名叫何义的将领也越众

郑军战船模型

而出,和蓝理共同担任先锋之职。施琅大喜过望,他心中的先锋人选就是蓝理。出征前,蓝理将他的弟弟蓝瑗、蓝珠和族侄蓝法等都召到自己的帐下,和将士们一起抓紧船队作战训练。

破肚血战　力解主围

康熙二十二年(1863)六月十四日,施琅率领清军从铜山(今福建东山岛)浩浩荡荡出发了。经过一天多的航行,于十五日到达了澎湖的猫屿和花屿等岛。

施琅在进攻之前,就做足了准备。十天之前,他派人侦探行至澎湖的航线及岛屿周围的情况。所以从铜山航行到猫屿、花屿400多里的距离,只用35个小时就抵达了。

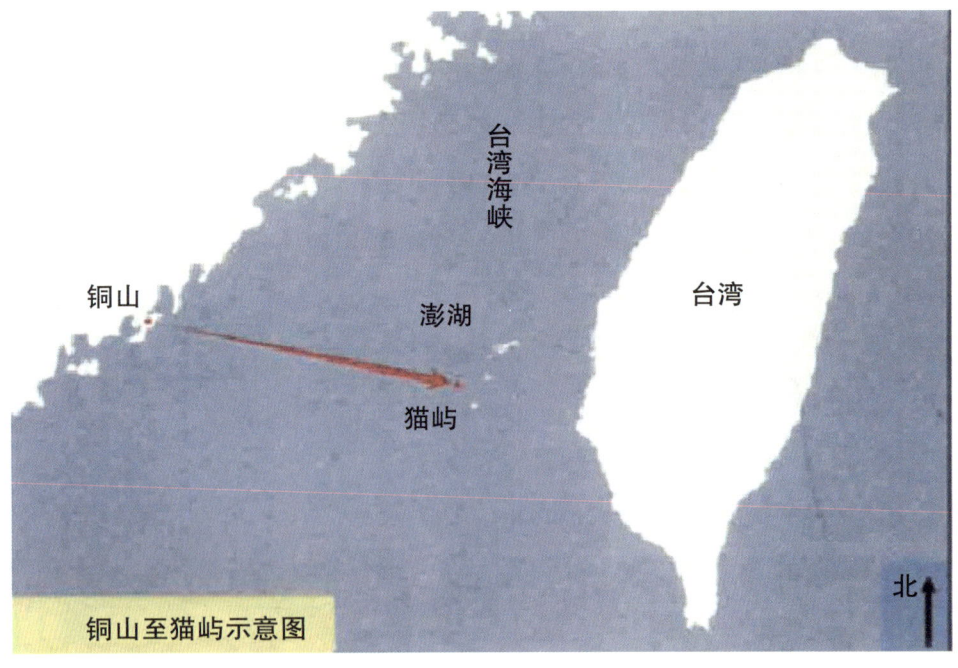

铜山至猫屿示意图

临行前，为了让各艘战船了解彼此的进退情况及激战中那些奋勇杀敌或临阵畏惧的将领，施琅下令船篷上都要写上舰长的官爵、姓名，每个字二尺多大小。唯独蓝理先锋船篷只书"蓝理"二字，字方广各二丈，老远的距离就可以瞧见。这两个字，在澎湖海战中郑军见了闻风丧胆！

施琅的水师船黑压压的一片靠近澎湖岛时，郑军哨兵老远就看见，立即报告刘国轩。这时，宣毅左镇大将邱辉请求乘清军远航疲惫、立足未稳之时主动出击，打他个措手不及。但刘国轩却不以为然，讥讽施琅不懂行军常识。刘国轩故意将西屿（今渔翁岛）、猫屿（今七美乡）、花屿和草屿等岛不设防备，让清军战船停泊。在他看来，这些岛屿周围珊瑚密布，礁石刚利无比，战舰无法泊位。此时，正值六月台风多发季节。一旦风起，清军就船毁人亡，不得不打道回府。那一夜，刘国轩与将士们开怀畅饮，等待施琅不战而溃的消息。

然而，施琅经过了周密的战前考察。他凭自己长期在海上作战的经验，判断夏至前后二十余天内会出现不到十天的短暂无风期。那一晚，潮位很高，风微水静，潮涨礁没，清军顺利泊位。真是天助施琅也！

第二天，也就是十六日，刘国轩得知清军不仅没有船毁人亡，反而顺利登岸后，立即命令将大炮移到海岸，并调集将士驾驶大小战船环泊娘妈宫前口子及内、外堑和东、西屿各要口，准备迎战。

晨七时，施琅统率水师向郑军总指挥部所在地娘妈宫发动进攻。刘国轩在娘妈宫附近海湾布好战阵，亲自坐快船于娘妈宫前督战，澎湖海战就此拉开帷幕。

当时，双方战船加起来400多艘，清军和郑军战船数量差不多。虽然已不是纯粹的冷兵器时代，除了刀剑、长枪、弓箭之外，双方战船上都装有红衣大炮、大贡铳、斗头铳、子母铳等，还配备有鸟铳、火箭（绑着可燃物的箭镞）、火油、火罐等火器，可是300多年前，火器威力并不大，两军相逢勇者胜。这时,蓝理充当先锋的作用就体现出来了。

蓝理率 7 艘先锋战船率先冲出,他的弟弟蓝瑶、蓝瑷、蓝珠与他同舟共济,并肩作战。蓝理的船队由鸟船组成,这种船的特点是船首像鸟,航速非常之快。根据推算,它的航速在 9 节左右(现在最快军舰航速在 50 节左右)。9 节的航速在帆船时代绝对可以称得上是快船,但问题很快就暴露出来了。鸟船太快了,后续船只跟不上,蓝理孤军深入,陷于郑军的船舰包围之中。

蓝理毫不畏惧,在船上指挥将士用火炮、火箭、火铳一起攻向郑船。娘妈宫前顿时炮声隆隆,箭矢漫天,火光弥漫海面。两军战船漂浮在洋面上,互相挤撞在一起。蓝理战术变化多样,郑军渐渐处于下风。不多时,蓝理就放火烧毁了郑军炮船 2 艘,赶缯船 6 艘,并用炮火击沉郑军鸟船 1 艘,赶缯船 2 艘。

战斗从清晨一直打到傍晚,这时潮水开始上涨。施琅作为总指挥官,在

郑军澎湖守将刘国轩严阵以待

后面的旗舰上掠阵。眼见蓝理一番勇猛冲杀,在气势上压住了郑军,这正是发动总攻的好机会。于是,他传令后援战船快速跟进。

海战有一个不确定的因素,就是洋流的冲击。就在施琅舰队追赶蓝理先锋战船时,巧遇南潮。所谓南潮,就是东南季风催生的海潮。结果一股激流冲过来,将蓝理率领的先锋舰船暴露在了郑军炮火的射程下,想要后退已经来不及了。

大鸟船

刘国轩见蓝理闯入自己的炮火之下,连忙指挥战舰合围攻打蓝理战船。此时,郑军的战船、赶缯船排成一列,对着蓝理的先锋船发起了猛烈攻击。施琅正在旗舰上督战,看到蓝理战船被包围无法脱身,便亲自率领自己的战舰前去解围。

这时正值退潮,风向不顺,施琅的战船被搁在了原地,遭到郑军多艘战

各类福船的参照数

型号	面阔(m)	舱深(m)	龙骨长(m)	排水量(t)	船内装备
鸟船	9.03	3.61以上	27.09以上	540以上	鸟船有大有小,小鸟船长12.6米,只能运载20人。大鸟船长27米以上,双层甲板,下层甲板开有侧舷炮孔,可配大型火炮,能搭载300人。根据《靖海纪事》的记载,明郑的大鸟船配有2门重炮,其余装备不详。
炮船	同上	同上	同上	同上	船头放有重约三四千斤的红衣大铜炮1门,两边有500—1000斤的发熕20余门,鹿铳100—200门。
洋船改战船	同上	同上	同上	同上	刘国轩征召商船的装备不详。
赶缯船	6.02	2.41	18.06	160	重三四百斤的大贡铳2门,重两三百斤的斗头铳1门,子母铳(大型火枪)10枝。
艍船	3.91	1.57	11.74	43	子母铳6枝。

备注:"洋船"指从事远洋贸易的商船,不是西洋人使用的船;西洋船在当时被称为"夷船"。

船围攻。此时，郑军船上的兵士用鹿铳瞄准了施琅，被身边的副将冯苓发现。他立刻大声提醒施琅："主帅，小心！"并用自己的身体挡在了施琅前面。话音刚落，冯苓被鹿铳射中阵亡。

在激烈交战中，一发炮弹飞了过来，击中了旗舰的尾楼，立刻燃起了大火。施琅猝不及防，右半边脸被火烧伤，眼睛也受了伤。

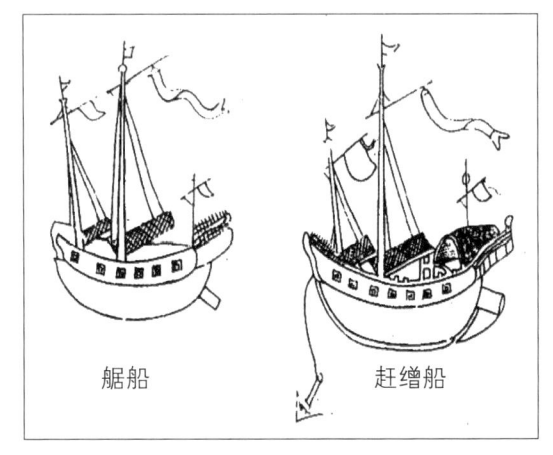

清陈良弼《水师辑要》中绘的船型

蓝理发现了施琅的旗舰被郑军包围，立刻疾驶过去，大声喊道："主帅勿忧，蓝理在此！"

蓝理横冲直撞，全然是不要命的架势。郑军将领见状，急速命多艘战船围攻蓝理。蓝理随即用船头火炮击沉郑将陈侃的战船，又用左舷火炮击裂郑军中提督前锋营陈升的战船。趁陈升船上的士兵忙于修理船只的时候，蓝理督众挥掷火罐，将陈升的战船烧毁。这时，郑军将领陈时雨赶来增援，又遭蓝理将士用火罐猛攻。陈时雨战船起火，士兵纷纷跳进海里，溺亡者无数。围攻蓝理的几艘郑军战船见势不妙，稍稍后退。施琅在蓝理的接应下，击橹略进，冲出了包围圈。郑军趁他们刚冲出来立足不稳时，拼命拦截。施琅指挥发炮，击断了郑军将领蔡智战船的桅杆。郑军将领林升和姚朝玉同时进攻蓝理和施琅的战船。蓝理毫不示弱，指挥战船击伤姚朝玉的战船。接着，又击伤两艘郑军战船。此时，林升接管姚朝玉的战舰，继续死战。战斗中，郑军战船被蓝理指挥的战舰打散了。

刘国轩急忙命令手下的猛将曾遂去救援，蓝理立刻迎战，双方互不相让。你往我船上扔火罐，我往你船上发射火箭、炮弹，谁也不肯后退。正在酣战时，蓝理突然被火炮流弹击中腹部，顿时肠子流了出来，血透战袍，痛倒在地。

曾遂看到后，立刻大声喊道："蓝理死了！蓝理死了！"听到曾遂的喊声，蓝理扶地而起，振臂吼道："蓝理还在！曾遂死了！"振臂高呼："杀敌！杀敌！杀敌！"声如震雷，士气大振。蓝瑗急忙过去将哥哥扶住，蓝理让弟弟蓝瑶接替他督战。族侄蓝法将蓝理流出的肠子塞进腹内，敷上药。其弟蓝瑗、蓝珠撕碎衣服包扎伤口，还用长布条将蓝理的腹部和肩背包扎起来。包扎后，蓝理整理好铠甲重新站了起来，坚持指挥督战。清军的将士们被蓝理的英雄气概所感动，个个奋勇当先，战斗陷入了胶着状态。

正在难解难分之际，清军金门镇千总游观光、兴化镇总兵吴英等率领战船及时赶到。此时，身中三箭一直死战不退的林升，腿部又被炮火炸伤，施琅趁势冲入敌阵。眼看胜利在望之时，郑军援兵也赶到了。为首的正是能征善战的邱辉、江胜，他们是曾主张在猫屿、花屿和施琅开战的两位将才。

蓝理腹破肠流，包扎后继续作战

清代鸟枪铅袋和铅弹

施琅作为清军总指挥,果断决定收兵撤退。看到清军战船后撤,邱辉、江胜想乘胜追击,刘国轩却鸣金收兵了。

邱辉和江胜回来后,邱辉问刘国轩:"正欲乘势追赶,何本督鸣金之速也?"刘国轩则回答道:"彼船只众多,我恐汝二人贪敌。倘有别队舟师乘虚而入,岂不欲巧反拙,是以收金。"

邱辉认为,清军今天的攻击虽得势却没能取胜,士气肯定有些低落。所以又和江胜一起主动请求连夜带领10艘战船,攻打猫屿等地,扰乱清军泊船之处,逼他们自己撤退。但刘国轩又一次拒绝了。他认为,这次战役清军已丧失了锐气,穷寇莫追。再说,清军有那么多的船只,没有合适的停靠之处,一旦风起就会不战而退。所以,只要守好各个隘口,以逸待劳就可以了。刘国轩还是寄希望于台风到来,将施琅战船葬入大海,或迫其撤回福建。抱着这种想法的刘国轩,拒绝了追击和夜袭的建议,命令部下把受重伤的林升送回台湾治疗。

刘国轩之所以没有听取邱辉等人的意见,也是有客观原因的。《闽海纪要》记载:"国轩自度舟少,且军士阅月无粮,恐其乘机溃,乃不敢追。"这时的郑军虽然有两万左右兵力,其中多有临时招募的农民、商人等,缺乏训练,不堪战事。且郑军的粮食供给不足,后勤保障难以为继,使得军心不稳。再者,海战中郑军损失不

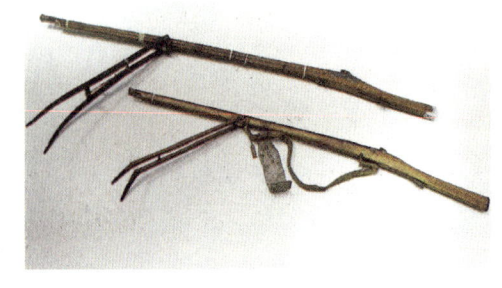

清代鸟枪

小,部队也需要休养生息。这些原因使得刘国轩不得不采用防守战术来对付清军。

现在看来,如果刘国轩当时没有那么保守,真的乘势追击清军,或者是夜晚突袭,是不是会有不同的局面?毕竟当

施琅军队使用的兵器

时施琅是受了伤的,虽然不重,可他是总统领。蓝理又受重伤,短时间内很难继续作战。如果乘势追击,也许可以重创清军。

其实,施琅也担心刘国轩会派人趁他们修整时来突袭。所以清军撤退的当晚,施琅下令士兵不要脱下盔甲,要弓上弦,火炮填装好炮弹,各位将领率领各自的船只防守各处隘口,时刻处于战备状态。

战后,施琅部下的将领把战斗情况整理出来,奏报了朝廷。兴化镇总兵吴英报称:

十六日各船乘势进取澎湖。伪总督刘国轩、伪水师总督林升、副总督江钦、伪右先锋镇陈谅、陈侃、邱辉等,将大战船、大𩗗船、炮船、挖船、赶缯船、双篷船大小计二百余号,倚险排列,扬篷以待。又西屿两岸铳城炮台密布,贼兵架放大炮,弹落如雨。时各营前锋船蓝理、曾成、许英、赵邦试、韩进忠,随征副将黄登等,即冲入贼,击杀贼众,因船被急流迫进炮城,贼船齐出拥围。本职见事势危急,即单舟同水师提督坐驾

清军澎湖海战使用的武器

船冲入贼围救护夹攻,与贼魁伪水师总督林升等对敌,兵士冒死血战,矢石交发,打沉贼船,斩杀贼众。贼首林升中炮箭重伤,遁入澳内,其余所斩杀贼众弁目,未知姓名,水师施提督现在查报。时因水师施提督面上被伤,天晚收兵,出西屿头海面暂泊。

据统计,此次战斗中,清军共击沉、焚毁郑军战船16艘,郑军将士战死2000余人。

那么清军损失了多少呢?没有明确的记载。我们可以借两个英国人的说法来分析一下。当时台湾在一定程度上已经算是一个贸易岛了,岛上有英国商馆。商馆的两个英国人托马斯·恩基尔和托马斯·沃罗豪斯于1683年12月20日写给东印度公司总经理及商务官的信中提到:这次海战郑军"虽损失1000人,但获得胜利,击沉及烧毁清军舰若干艘之后,使其退却"。由此看来,清军损失也不小。这两个英国人说郑军损失1000人,可能是他们说法不准确,也可能是施琅奏报有所夸大。

海战中,清军将领施琅和蓝理在战场上负了伤。战后,施琅将蓝理送回厦门医治。

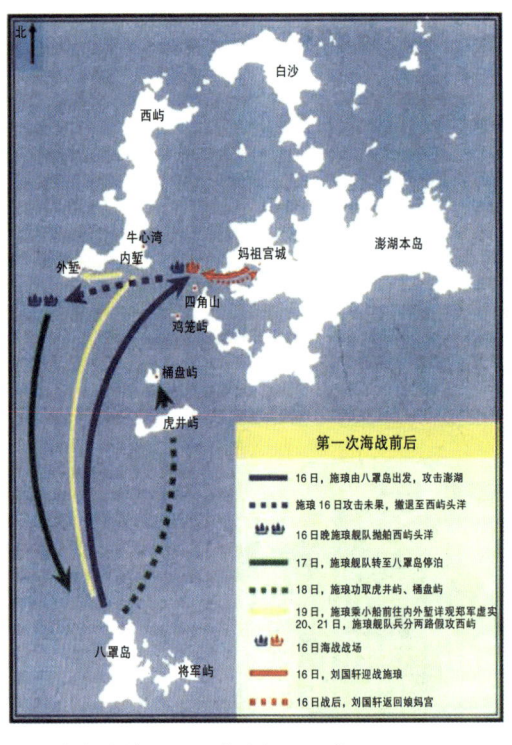

第一次海战前后,郑清的行军示意图

再解主围　平台首功

十六日晚上,清军全副武装在海上漂了一夜,并未遇到袭击。

十七日清晨,施琅率福建水师先回到八罩岛水埯澳,也就是离猫屿、花屿不远的地方召开军事会议,宣布论功获赏:蓝理赏银两千两,游观光赏银一千两;余者按作战表现分等级给以奖赏。还有 12 位作战退缩者应斩首示众,因诸将求情,施琅允许他们戴罪立功。

十八日,施琅亲自和总兵吴英、朱天贵等,坐快船从虎井屿过桶盘屿及内、外堑侦察郑军炮台分布情况。

十九日,施琅再次与部将罗士珍等深入郑军的腹地内堑等处细察地形与郑军的布防状况。

休战几天,既能让将士们休整,也要避过海上暴风。当地俗话说,六月三十日有三十六暴,十八和十九两天就是观音暴、洗蒸笼暴来临的日子。刘国轩听说施琅率军停靠在八罩岛,挺高兴的。到了十九日,天气转阴,而民间俗语有一种说法——"六月一雷止九台",就是说雷电可以赶走台风。当然这是古人的说法,并不一定科学。到天气转阴时,清军上下都期待着打雷下雨。施琅为此还特地祈祷天妃妈祖,愿老天爷能"一雷止九台"。妈祖没有辜负施琅的期望,不久便

18 世纪末的赶缯船（玛噶尔尼使团随团画家威廉·亚历山大画）

红衣大炮

雷电大作。巧合的是,当天还真没来台风。清军把台风没来的天象归功于天妃妈祖的保佑,后来施琅为此向康熙奏请将天妃妈祖敬奉为"天后妈祖"。

康熙二十二年(1683)六月二十二日晨七时,施琅率领左、中、右三路战舰同时向驻守澎湖的郑军发起总攻,直捣娘妈宫(今马公市)。第四路为预备队,跟在后面随时增援。

首先,由随征都督陈蟒、魏明,副将郑元堂领赶缯船和双帆艍船50艘,从澎湖港口东侧直入鸡笼屿、四角山作为奇兵,配合主攻部队夹击娘妈宫。

其次,由随征总兵董义、康玉,外委守备洪天锡领赶缯船和双帆船50艘,从澎湖港口西侧内堑直入牛心湾,佯装登陆,牵制西面的郑军。

这两个都不是正面部队,正面部队是施琅亲率的56艘大鸟船,沿澎湖港中路进发,担任主攻。这56艘战船也不能一拥而上,否则太多会互相碰撞。施琅把56艘战船分为8个进攻小队,每个小队共7艘战船。然后一个小队又分为3个小组,相互呼应。这样整个船队呈阶梯状前进,行军迅速,战而不乱。

施琅作为总指挥,率领一个小队

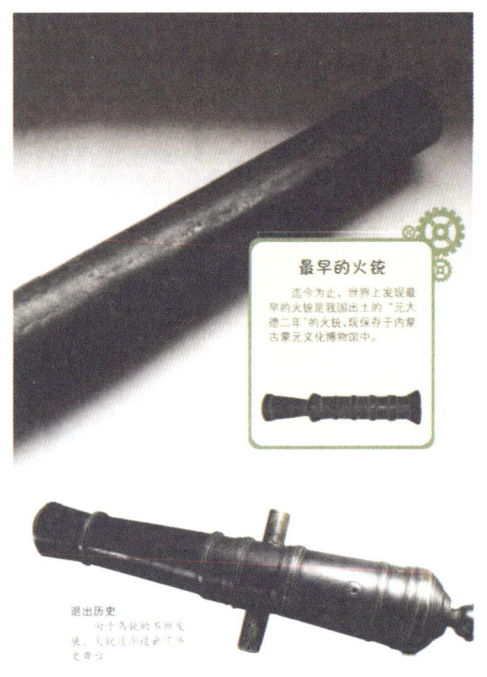

元朝火铳(世界上最早的火铳)

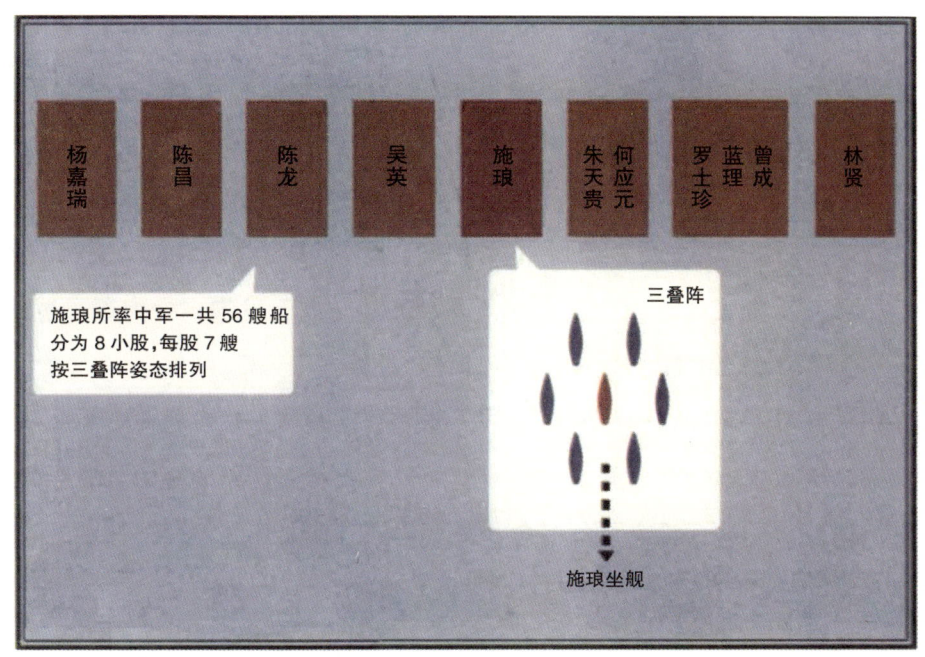

施琅所率 56 艘战船示意图

居中,其余的 7 个小队左右依次排列。蓝理与提标署中营参将罗士珍、后营游击曾成一起率领一个小队在次右边。施琅是 56 艘战船中中路主攻,蓝理则是 7 个小队战船的统帅之一。

看到清军进攻,郑军严阵以待。刘国轩听到外面的炮声隆隆,立即指挥各船起锚扬帆,从娘妈宫"内湖"驶出。郑军战船分为炮船、鸟船、赶缯船等数种,出海迎战。

清军以舰队中三叠鸟船第一叠为主力,作为前锋舰队。由施琅、吴英、朱天贵率领 3 个小队,共 21 艘鸟船,每艘鸟船配士兵 150 人,共 3150 人;郑军以刘国轩、林升、江钦、陈谅等所率的 10 余艘大熕船(载发熕 20 余门的炮船)为前锋。

两军战船相遇,顷刻之间,炮火轰鸣,空中箭矢密集似雨,烈焰遮天。清军平阳镇总兵朱天贵在最前面,直接冲向郑军战船。郑军这边迎战的不是别人，正是郑军水师大将邱辉。这二人相见心里可以说是五味杂陈，因为朱天贵和邱辉还是儿女亲家。朱天贵被姚启圣招抚政策打动，于康熙十九年（1680）率所部战船300多艘，将士3万多人一起归降了清廷。

站在战船尾楼上的朱天贵看到邱辉之后，没有立刻攻击，而是劝说邱辉弃暗投明，归降清军。邱辉听后非常愤怒，责骂朱天贵是个反复无常的小人。然后他也不等朱天贵再说什么，立刻下令舵工转舵，发炮。一炮轰了过来，朱天贵猝不及防，被打中肋下，当场阵亡。是年，朱天贵37岁。

与朱天贵一起冲锋的是海坛镇总兵林贤率领的位于末右的一个小队。林贤一看朱天贵中炮倒下，赶紧率船冲过来救援。刘国轩见他这一队战船突入腹地，岂能放过这个机会，急忙命令部下包围，并让江胜等人把林贤的战船紧紧包围。林贤的战船被围在中间，火箭、火罐、炮火像雨点般地飞了过来。林贤寡不敌众，左臂上连中三箭。船上众将士也死伤严重。不多时，船上武器用尽，林贤命部下把船上的铁锅等打碎作为炮子。

所谓炮子，就是枪弹和小炮弹的俗称。这里用俗称而不说炮弹，因为把铁锅打碎确实算不得炮弹。在一些小说或者影视剧里看到过，实在是没有炮弹了，就把一些带棱角的铁片放进炮筒，靠火药把它们发射出去伤人。可见当时林贤面临怎样的窘境。

郑军得势不饶人，冲到林贤的战船旁边打算攀船而上，要把林贤生擒活捉。林贤眼看郑军气势汹汹，自己又没有退路，心一横，干脆要放火烧船，自杀殉国。突然，发现包围他的郑军乱了起来。原来是清军的几艘战船随后赶到。此时，林贤赶紧指挥战船反击，形成内

康熙平台后缴获的郑军火炮

外夹击，"将士无不以一当十，射死江钦、吴贵等，焚其龙熿并三熿、四熿等三船"。

到了中午，海上开始吹南风，风向变得对清军有利。但右翼朱天贵和林贤所属损失惨重，左路前锋冲了上去，与郑军的右前锋陈谅所率的大炮船及其余4艘船进行交战。随着头叠左右前锋及三叠末右

施琅率领的战船模型

股冲入郑军阵中后，其余后两叠舰队也随之跟进，为头叠前锋舰队提供炮火支援。

双方海上交战，并不是两条直线一样一字摆开，互不越界，而是混在一起厮杀，双方战舰纵横交错。就在这时，一阵大风涌起海浪，风吹加潮涌，施琅的战船被推到沙滩上搁浅了！

此刻，郑军战船立刻蜂拥而上，围了上来。他们要把施琅为首的这几艘战船全部消灭，施琅危在旦夕。就在这个节骨眼上，蓝理率领的战船及时赶来增援。郑军老远就看见书有"蓝理"两字的战船驶了过来，不由得心生畏惧，惊呼道："蓝理又来了！"纷纷退避，唯恐与他相遇。蓝理开足航速急驶而来，靠近一艘郑军战船。他持刀飞跃而上郑船，砍杀十余人，船上士兵胆战心惊，跳水逃命。这时，蓝理请施琅换了这艘战船继续指挥战斗。就这样，还没有痊愈的蓝理凭他的勇敢和机智，再次解了主帅之围。

这时，郑军将领邱辉、江胜等率数只大船围攻过来，吴英等众将士眼看就要被消灭。居中指挥的施琅急忙命令战船赶去救援，清军按照之前制定的作战方针，迅速变换成"五点梅花阵"阵形，将江胜的战船围住。江胜眼看突围无望，干脆凿船自沉，他和众将士连同整艘船沉没于大海之中。

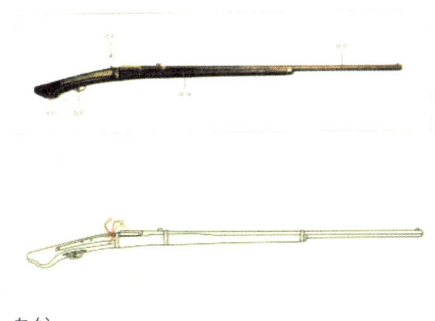

鸟铳

邱辉的战船也被七八艘清军战船围困住，他奋力指挥，拼死抵抗，好几次击退想要登船的清军。但在战斗中，他身负重伤。最后，他点燃了船上的火药桶。随着一声震天的爆炸声，他和船上官兵全部葬身海底。

江胜和邱辉二人，正是当初主张在施琅十六日刚到猫屿、花屿，就与清军死战的两位将领；也是初战之后，想要追击施琅却被刘国轩阻止，请求晚上突袭清军也被刘国轩拒绝的将领。两位大将以这种方式收场，令人感叹。如果当时二人的建议被采纳的话，历史也许会重写。

江胜和邱辉都阵亡了，郑军损失惨重。总指挥刘国轩看到形势危急，亲自持火箭、火罐参加战斗。

双方一直酣战到中午，海面上突然刮起了南风，这正是施琅主张在夏季进攻台湾的原因。他立即组织战船，乘顺风之势向郑军发起猛烈进攻。经过八九个小时的激烈战斗，郑军开始溃败。

刘国轩眼看大势已去，再继续死拼必然会全军覆没。于是，他就想组织将士们冲出突围，放眼望去，洋面上到处都是密密麻麻的清军战船，环视四周，只有吼门一港没有清军船只。但吼门水浅，暗礁很多，从来没有船只敢从此渡过。在危急时刻，眼看清军船只包围过来了。刘国轩心一横，与部将黄良骥、洪邦柱等300余名将士率战船飞速向吼门驶去。说来也巧，恰逢此时海面上涨，30多艘战船竟然顺利地通过了吼门。

施琅得到刘国轩驾船败逃的消息，急忙命令陈蟒率快船追赶。但由于天色已晚，加上海域不熟悉，不敢乘胜穷追，才使刘国轩败逃台湾。施琅鸣金收兵，同时派人捞救落水的及阵亡的两军将士。此战大捷。

澎湖本岛的守军将领杨德见海战大败，刘国轩逃回台湾本岛，自己孤立无援，便率手下165名官将、4853名士兵投降清军。其余岛上的守军也纷纷请降，《台湾外记》记载如下："其守外堑果毅后镇吴禄……等暨守内堑侍卫后镇颜国祥……守四角山壁宿镇杨章、桶盘屿果毅中镇领兵曾胜，以及守风柜尾果毅后镇左营林和、内堑果毅后镇领兵洪升、铁线尾征营徐秋、将军澳果毅左镇右营邱肤等，各竖降旗。独把守西屿将领头戎旗二镇吴潜不肯降，遂拔剑自刎。神威营林好率余者投降。"厦门镇总兵杨嘉瑞战后报称："至二十二日，职居末左，率师拼命前进。枪箭炮火奋勇齐发，始将贼大炮船、大鸟船悉行烧毁，贼众死亡殆尽。澎湖一带尽为我有，大小战湾泊无虞。"最终，澎湖36岛全部归清军。

这次海战中，清军以百艘赶缯、双帆等船为策应，56艘鸟船为主力，另

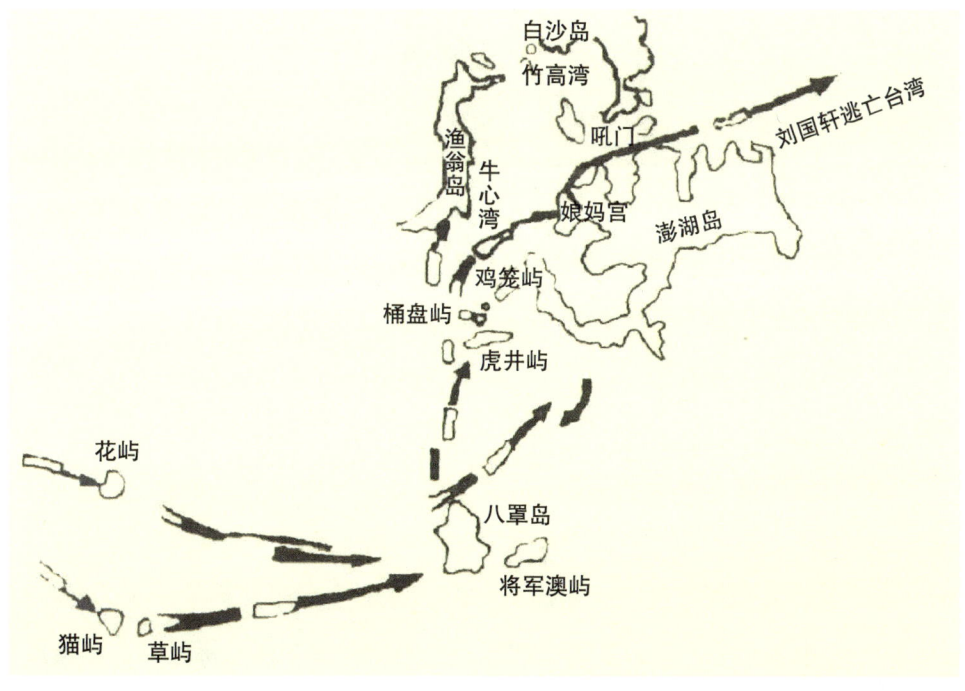

澎湖海战经过示意图

22日清军澎湖决战示意图

80艘船只为后援，直接从正面进攻郑军刘国轩防守的阵地，清郑双方从辰时激战至申时。清军这边，总兵朱天贵、游击赵邦试阵亡，总兵林贤重伤，总兵吴英轻伤。郑军被清军焚烧、击沉鸟船、炮船、赶缯船、洋船等共159艘，被清军俘获鸟船2艘、赶缯船8艘、双篷艍船25艘。除船只损失惨重外，郑军将士也是死伤殆尽。郑军整备将军曾瑞、定北将军王顺、水师副总督左虎卫江钦、统领右先锋陈谅、戎旗二镇吴潜、援剿右镇郑仁、援剿后镇陈启明、宣毅左镇邱辉等47员大将，以及其余协营领兵监督、翼将、正副总班、总理、监营候缺将小头目，被烧死及溺死者有300余人。除此之外，据施琅的奏疏称，"焚杀、自焚、跳水溺死贼伙约计一万二千有奇，尸浮满海"。

根据施琅统计，清军"十六、二十二等日，水陆官兵攻杀郑军死亡者计三百二十九员，带伤者计一千八百余员，悉被炮火攻击，以致伤亡甚多"。此外，清军还缴获郑军"红衣大铜炮十二位，每位重有四五千斤，炮子大者二十二三斤，中者十七八斤，次者十四五斤。生铁大炮二位，每位重七千余斤，用炮子三十余斤"。

郑军船只损失详情表

	火罐焚毁	击沉	火船焚毁	自焚	虏获	逃走	总计
炮船	18	8	0	9	0	3	38
鸟船	36	0	1	13	2	2	54
洋船	5	0	0	0	0	0	5
赶缯船	67	0	2	0	8	11	88
双帆艍船	0	0	0	0	25	15	40
总计	126	8	3	22	35	31	225

澎湖海战就这样结束了，这是一场改变台湾历史、改变中国历史的战争。这场海战对收复台湾意义重大，是国家统一的重要转折点。

海战之后，施琅将战果奏报朝廷，福建提督姚启圣不再坚持招抚政策，建议立刻攻取台湾。施琅这时建议不要攻台，实行招抚政策。他认为清军将士要休整，战船要修补，不能立刻出战；郑氏集团内部混乱，又失澎湖列岛，人心军心不稳，此时招降胜算大。如果招抚不成，再采取军事行动，此时清

《钦定平定台湾凯旋图》（根据平定台湾历史事实，由清宫廷画家所绘制）

军亦恢复了战斗力。康熙皇帝认为施琅言之有理,采纳了他的意见。

这个时候台湾岛上分成了两派。冯锡范不愿意投降,他觉得自己和刘国轩两人都是受郑成功托付的老臣,投降会被后人耻笑。他建议固守台湾,实在不行退到吕宋,也就是今天的菲律宾,以图东山再起。而刘国轩主降,他认为澎湖失守之后,郑军的实力已经不复当初,再加上台湾岛上人心惶惶,去菲律宾异国他乡难以立足。他相信投清后,清廷是不会亏待了他们。

刘国轩的主张是正确的,当时高级将领中有不少人已经开始暗通清廷。比如驻守基隆的北路将领何佑等秘密地向清军通谋纳款,台湾北部已是门户大开。此时,清军的战斗力在不断上升,当年威震东亚的郑军实力则不断下降。

吃了败仗的刘国轩,知道郑氏集团已不复当年,才会想要归顺清朝,最

1683年大清帝国疆域图

终他说服了冯锡范。于是，郑克塽接受了清廷招抚。七月初五，冯锡范命郑德潇写降表。七月十五日，冯锡范将郑克塽送交施琅，接受朝廷招抚大礼。八月十三日，蓝理跟随施琅进入台湾接受郑克塽降清。随后郑克塽前往京师，隶属汉军正红旗，受封为嘉德官。就这样，完成了祖国的统一。

康熙得到捷报，正是中秋佳节。他望着碧空一轮明月，吟咏了一首《中秋日闻海上捷音》诗，表达了国土统一的喜悦心情：

康熙读书像

万里扶桑早挂弓，水犀军指岛门空。

来庭岂为修文德，柔远初非黩武功。

牙帐受降秋色外，羽林奏捷月明中。

海隅久念苍生困，耕凿从今九壤同。

清朝收复台湾后，康熙又面临着一个问题：怎样处理这个孤悬海外的岛屿？当时有不少人都认为台湾远离大陆，监管难度大，容易滋生海盗，成为海盗的补给站。不如把居民都迁到内陆来，放弃台湾，守住澎湖列岛。但是，施琅与蓝理积极主张要守住台湾。他们认为，不管是从民族血脉上讲，还是从军事屏障上讲，或者是从战略位置的角度上，都不能放弃台湾。施琅撰写《恭陈台湾弃留疏》，呈给康熙。疏中具体而深入地分析台湾情势，阐明"弃之必酿成大祸,留之诚永固边围"。其他大臣,如姚启圣、赵士麟、苏拜等也赞同施琅和蓝理的观点。

听取了施琅及众大臣的意见后,康熙明确谕示:"台湾弃取所关甚大,镇守之官三年一易,亦非至当之策;若徙其人民,又恐致失所,弃而不守,尤为不可。"下旨要守住台湾。不久,施琅又上奏,请朝廷尽快在台湾设立政治区划,便于管理和发展生产。

康熙二十三年(1684),朝廷在台湾设立了一府三县,就是台湾府、台湾县、凤山县、诸罗县,隶属于福建省,台湾正式划入了清朝版图。随后,又在福建、广东等地招徕百姓,迁徙到台湾开垦经营。

《福建通志》中的台湾一府三县图

康熙御赐蓝理"平台首功"匾

御赐匾额　京城授奖

台湾收复后,蓝理和他的弟弟都得到了朝廷的封赏。朝廷调蓝理进京做官,但是蓝理却提出要回乡侍奉双亲。康熙恩准其回乡,还赏赐蓝理数百两黄金,御赐"平台首功""所向无前"匾额各一块。

如果没有蓝理破肚勇战,如果没有蓝理两次救施琅,这次能不能平定台湾真难说,所以"平台首功""所向无前"是康熙对蓝理勇猛刚烈不怕死性格的真实写照。"所向",指军队所指向的地方。"无前",没有阻挡。意思是军队所指向的地方,谁也无法阻挡。

这次蓝理衣锦还乡,"种玉堂"高悬着康熙皇帝御笔题写"所向无前""平台首功"的匾额。"种玉堂"前张灯结彩,人声鼎沸,像过节一样迎接蓝理载誉而归。蓝理满心欢喜地召集族人在"种玉堂"相聚,更重要的是蓝理要报答有恩于他的族里亲友们,共享他的成功,分享皇帝御赏他的荣耀。

康熙御赐蓝理"所向无前"匾

蓝理回家不久,父亲因病去世。过去官场上有个规矩,叫丁忧,是中国封建社会传统的一种道德礼仪制度,往往用于拥有官吏身份之人。根据儒家传统的孝道观念,朝廷官员在位期间,若父母去世,则无论此人任何官何职,从得知丧事的那一天起,必须辞官回到故乡,为父母守制27个月,为丁忧。

蓝理因守制,一直没能进京就职。虽然如此,康熙却没有忘记他。康熙二十七年(1688),武昌标兵夏逢龙叛乱,湖南布政使黄性震与襄阳总兵蔡元联合征讨夏逢龙,叛乱很快得到了平定。康熙大为高兴,一天之内三次召见黄性震,下旨让他衣锦还乡,建造府邸。

黄性震就是当初向福建总督姚启圣献计,招抚台湾将士和百姓的蓝理老乡。当时他是籍籍无名的一介布衣,在郑氏集团当过千夫长。后来回乡,得知姚启圣要对台进行招抚,就向姚启圣提出了"平台十策",从而走上了历史舞台。

黄性震衣锦还乡时,传达康熙要蓝理尽快到北京任职的圣旨。不久,康熙再次派人催促蓝理进京接受封赏。蓝理在进京路上,经过赵北口时,正好碰到康熙御驾出围。

蓝理遥见御驾,急忙牵马回避。但他骑的马立于道路中间不肯走。蓝理用鞭子抽打也无济于事,只得弃马步入高粱地躲避。圣驾过来,见路中一马挡道,询问侍卫:"谁的骑?"蓝理闻声出来,应道:"臣蓝理,从福建来的。"康熙听说是从福建来的蓝理,马上想到平定台湾破肚作战的猛将蓝理,就试探地问:"是征澎湖拖肠血战之蓝理?"蓝理赶忙上前,禀告康熙:"臣是。"康熙得知正是他多次催促上京做官的蓝理,格外高兴,就关切地询问:"来何迟也?"蓝理说明原因。康熙听后,将蓝理召至御驾前,详细询问当年攻打澎湖拖肠血战经过。康熙听了很感动,亲自解开蓝理的衣服,察看他肚皮上的伤疤。看到伤疤后,康熙动容,用手长时间地抚摸着,叹息良久。他称赞蓝理不仅作战勇敢,还营救了主帅施琅,为收复台湾、统一祖国立下了首功。

康熙又将蓝理召至行宫,给以慰劳,特赐京城一所府邸给蓝理居住。还和蓝理进行亲切交谈,谈到

清二品武官补子 狮

了台湾的开发和治理、台湾和闽南的关系等。蓝理参与过海战,又是福建漳州人,知道台湾地理位置的重要性,了解福建和台湾的关系,知道很多闽南人到台湾垦荒等事。于是,发表了一些颇有见地的看法。这次交谈,康熙发现蓝理不仅勇武,且有谋略,对台湾的治理等都有其独到的想法,给他留下了良好的印象。

蓝理进京后,朝廷商议授予蓝理守备正五品官职。报到康熙那里,康熙认为不妥。改任蓝理为陕西神木副将,从二品官职,并赐金三百两。然而蓝

理还没启程，朝廷又改授他任宣化府总兵官，挂镇朔将军印，官阶为正二品。

在京时，康熙多次召见蓝理，还带他去见了孝庄太后。康熙指着蓝理对太后说："这就是破肚将军蓝理。"太后早就听说过蓝理破肚犹战的英雄事迹，所以对他很是赞赏。这天中午，太后留蓝理一起用膳。他们又谈起海战经过，谈起闽南的人文地理等。太后询问蓝理那次海战中受重伤，肚肠都流了出来，居然没有大碍，是真是假。蓝理还没回答，康熙就说那是因为蓝理身体健壮，又有妈祖庇佑，所以大难不死。据民间"蓝理肚皮挡炮弹"的传说，康熙有意要试试蓝理的胆量，就对蓝理说：你如此厉害，不妨明天在校场表演一下肚皮挡炮弹的精彩场面。君无戏言，蓝理也不能说"不"字，就硬着头皮答应下来。《中国民间故事集成·福建卷·漳州市分卷·肚子吃炮弹》是这样写的：

康熙在宫内召见蓝理，并称他为"破肚将军"

蓝理每次进京晋见康熙皇帝，康熙都很欢喜，并常赐赏他。而蓝理每次陈奏，侃侃而谈，手舞足蹈，康熙不但不责怪其无礼，反而很赏识蓝理爽直的性格。康熙还经常向诸王、大臣述说蓝理在出征澎湖台湾时拖肠血战的情况，并称蓝理为"破肚将军"。

有一次，康熙带蓝理晋见太后，太后赐御酒。康熙一时高兴，问蓝理道："蓝卿，朕闻你的腹肚能吃炮弹，你那一次出征澎湖台湾时，你没在意炮弹打过来，虽然肠子流出来也没碍事，是真的吗？""这……"蓝理还未答话，太后又赐一杯御酒，对蓝理说道："蓝卿生得虎头燕颔，脸圆耳大，非常福相，何惧弓箭刀枪和炮弹呢？"

面对着皇帝和太后如此神乎其神的称赞，蓝理哪敢申辩什么？他只是连连叩头道："谢太后和万岁的金言玉语。"没料到就在这个时候，皇帝和太后决定明天让蓝理在校场上演试肚子吃炮弹。这天夜里，蓝理没有一会合眼。他回想半辈子征战九死一生，这次定然十死没一生。君无戏言，哪能违抗。因此，他只好向妻子交代了后事。

第二天，校场上人山人海，人们都争着要看蓝理肚子吃炮弹的表演。这时，只见校场那一头摆着一只镶玉石的背椅，对面二百来米处架着一门铮铮发亮的钢炮，侧面的台上坐着太后和康熙以及诸王和众大臣们。

蓝理心情沉重地坐在背椅上。事到如今，他只好强作镇静，只等炮响血肉纷飞。

演试要开始了，指挥官摇响了铜铃，炮手猛推炮弹入膛，只听指挥官下令："预备，放！"然而，炮哑弹喑，连续三次，都是如此。康熙见状，眉飞色舞，他欣然下旨："炮弹确实惧怕蓝卿，赐蓝卿起座。"

蓝理昏迷中听见康熙赐他离座，像触电似的立即起座，刚离开校场。校场忽然三声巨响，蓝理坐的那只檀木背椅被掀向天空。原来这些都是皇帝为试蓝理胆量而安排的，人们不知原因，顿时校场爆发出一阵喝彩声，从此蓝理名声大噪。

这则故事流传于漳浦,由黄石基讲述,何荣林采录,1999年漳州市民间文学集成编委会征集。虽然是一则民间故事,从中却也体现了康熙与蓝理君臣间的亲和关系。

康熙年间,每当新年之际,皇帝总要在内廷御笔书写若干"福"字。所写出的第一个"福"字,一般悬挂在乾清宫正殿,另有一些张贴于宫苑各处。更多的则是颁赐在京九卿朝臣和地方封疆大吏,以此联络君臣感情。清代赐福是从康熙开始的,御书"福"字多用丝绢制作,以丹砂为底色,上绘金云龙纹。作为封疆大吏,蓝理有幸得到康熙御书的"福"字,他如获至宝,精心保管。《中国民间故事集成·福建卷·漳州市分卷·"福"字的来历》是这样写的:

康熙赐蓝理"福"字

赤岭石椅村的蓝氏宗祠"种玉堂",雕梁画栋,富丽堂皇,梁上匾额更是琳琅满目。唯独正中一块长方形匾,单写一个"福"字,红底金字,最为显眼。此字的来历真不简单,是康熙皇帝御笔亲题的。这是怎么来的呢?

原来蓝理追随大将军施琅平定台澎后,班师回朝,皇帝论功行赏,蓝理为朝廷立下汗马功劳,康熙十分眷顾这位"破肚将军",留京为官。当时君臣之间,过往甚密,康熙帝经常微服去蓝理府邸,垂询平台、治台诸策。

这时,家乡正在大修"种玉堂",乡里族亲们修书来,希望能有御笔题书的"福"字,光耀祠堂,造福子孙,这使蓝理大伤脑筋。终于,他想出了一个办法,在大厅上,备好笔墨纸砚,自己预先大书许多"福"字,掷满地,并派两个小童在大门口伺候。一见皇帝来访,立刻悄悄通报一声。

康熙帝果真来访了,蓝理装着不知道,正全神贯注地奋笔写大字。康熙帝看蓝理写的尽是"福"字,歪歪斜斜地不成字体,感到十分有趣。再看蓝理的手腕、脸上都沾上墨迹,像钟馗模样,不觉捧腹大笑起来。蓝理这时方才装着惊觉,伏地迎接圣驾,请求恕罪。

康熙帝哈哈笑罢,就问:"爱卿闭门习书法,武将也要舞文弄墨,真要练成文武双全吗?"蓝理连忙解释说:"哪里?圣上有所不知,这是逼上梁山的。家乡修宗祠,长辈吩咐,要我写个'福',臣只好整天练写,挥动毛笔可比舞刀弄枪还难使唤。练了这些日子,也不见得长进。"康熙见满地"福"字,也很体贴蓝理的苦衷,点头叹道:"也真难为了爱卿。不过,学书法,得临摹一种字体,才能循序渐进,像卿这样写法是难以学成的。朕写个'福'字给卿临摹罢。"说罢,提笔龙飞凤舞地大书一"福"字。蓝理一看御书到手了,急忙跪下磕头谢恩道:"谢陛下御书'福'字,使'种玉堂'永沐皇恩。

四修前石椅村蓝氏种玉堂

四修后石椅村蓝氏种玉堂

日后蓝氏列祖列宗也将会感恩戴德,永志不忘。"

康熙帝才知上了蓝理的当,故意装怒说:"什么?卿骗了朕的字,就不想练书法了吗?"蓝理伏地不起,磕头谢恩说:"臣愿为陛下冲锋陷阵,效命于沙场,百死而不辞,实不敢偷闲学书法。"康熙深为其言所感动,一面叫蓝理平身,一面说:"卿忠勇可嘉,心照日月,今日朕写几个字一并赐予你。"说罢,蘸浓毛笔,一挥而就,八个大字:"勇壮简易""所向无敌"。并说:"令地方府治立个牌坊,为卿光宗耀祖!"

这个故事流传于漳浦,由蓝海亮讲述,啸华采录,漳州市民间文学集成编委会 1991 年编印。这个是口口相传的故事,"福"字给"种玉堂"添了皇气,光耀了蓝氏祖宗,福荫着蓝氏后代。

"种玉堂",始建于明嘉靖二年(1523),原来仅主座前后二进。清康熙三十四年(1695)蓝理在任定海总兵时,回到漳州漳浦石椅村捐俸银重建。他买下祠堂两边的民居,拓建为祠堂两廊。工程由左都督蓝瑗、蓝珠和蓝璜等督造,由蓝理母亲一品夫人苏氏亲临巡造。蓝理把康熙恩赐"福"字,敬谨装潢，高挂在"种玉堂"正堂神龛上。厅堂横梁悬挂清康熙御赐蓝理"勇壮简易""所向无前"和"昼锦萱荣"等匾额，延续至今。

明清以来，"种玉堂"蓝氏家族有14位举人（其中3位后来考中进士），有106位五品以上文官武将。其中一品以福建陆路提督蓝理为最早，后来相继有福建水师提督蓝廷珍、江南提督蓝元枚、广州知府蓝鼎元、江西御史蓝紫陶、礼部侍郎蓝应元等。蓝氏后人先后获得历代皇帝御赐的"大巡案""少宗伯""大将军""公正廉明""参赞大臣"等匾额，成为闽南望族。祠中石柱刻有7副对联，均与祠堂形胜、裔孙有关。大殿中间一联为康熙御赐蓝理"铜柱海疆曾著绩，铁衣戎略夙知名"的对联。

"种玉堂"为西南朝向，建筑面积540.96平方米。为夯土墙构筑，由门厅、天井、抚廊、正堂及两边厢房组成。正堂面宽五间，深三间，九架梁加前柱廊，抬梁式结构。花岗石圆柱，鼓形柱础。正面作凹窝式，明间开大门，次间开小门，厢房门开于左右两侧。大门两侧立青石旋纹门鼓，木镂花螭虎

种玉堂前厅

窗。堂前有大埕,埕下排列七星池,祠后为小石山及状同日月的二口水潭。门厅左侧墙嵌有康熙三十四年(1695)《重修祖庙碑记》,记述了蓝理重修种玉堂的事迹。其碑文:

> 由来世德绵邈,上溯宗祖之创垂,下观孙子之光大,夫亦待人迟久,乃起其功德,则亦相为近远也。吾宗之族,处长卿自始祖庆福公由霞美利迁于兹,初而披荆抽棘,胥原筑室;迨后本支蕃衍,至嘉靖末年,始考卜龟正,建奉先之祠,虽以士庶经营,已具曼硕之规矣。越数传,而侍御紫涛公以甲第累官,大行执法;自我考元衡公以下,递次歌鹿鸣者若而人,今之贡泽宫,入成均列胶庠者,济济以需继起,固山川之苞采,实宗祐之贻庥也。惟是祠建迄今百有余岁,栋宇垣薨非复实枚之旧,灌献趋跄,具瞻悫焉,子姓因循,

种玉堂大殿

未能赓卜鼎新，自非亢宗之裔，拜爵天朝，得藉宠赐，未易轮奂改观也。家总戎义山公以荡平海邦首勋，特膺简命建牙上谷，寻以四明滨海必得良翰，爰改北门之锁钥，转为南邦之保障，召对褒嘉，廷赐帑金三百两，敦趣遄行，治行入越，开府甫定，有筑城定海之役。公勤劳藏事，乃驰函家山举族中之肤敏者，将奉帑金，属其鸠工庀材，择吉经始，务极壮丽，缗费不赀，又捐历年清俸佐之，特命仲弟昆山躬董工作。祠之左右旧有私居十三楹复隆，直以购拓为两庑，基仍其旧，制则从新。自春徂冬，遹观厥成。今庙貌巍峨，几筵璀璨，不惟欣奏假之有托，亦且留明禋而知荣矣。落成燕喜，咸叹此日之俯拜君恩，仰光祖德，皆总戎公孝思之大也，允宜纪事扬休，勒石祠侧，以昭示来兹，俾后此之文武起家，科第蝉联，视前徽而济美焉。凡督造运输有事于祠中者，皆与有力，例得并书。

镇守宣府挂镇朔将军印、改任浙江定海等处地方总兵官、左都督、世孙理捐俸重修。诰封一品太夫人苏氏亲临巡造，协守浙江杭州等处地方左都督、管副将事、世孙瑗，兵部候推左都督、世孙瑶、珠督造。己酉科举人、任建阳县儒学教谕、世孙陈略撰记，选贡生、前兵部职方清吏司主事、世孙隽胄书丹，庠生、世孙琼篆额。左都督、世孙玑、璋、禧、宝，贡生、世孙

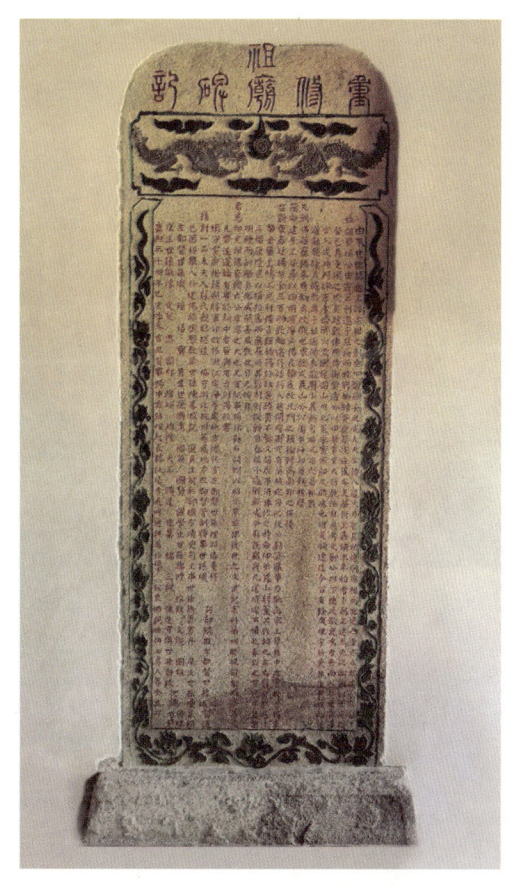

重修祖庙碑记

国宪、国英、国贤，国学生、世孙绵升、绵致、文魁、国雄，庠生、世孙儆焯、受芝、忠、国林、绵琛、绵陛、大玉、绵遂、伟业、端，三祝催造，守备、世孙新玟，把总得胜、世毓。

康熙三十四年乙亥季冬吉旦，首事畅申、霖结、炟起、长镕、钦填、赤通、明通、朝益、极复中，族众佛亲，映拱四房人等全立石。

《重修祖庙碑记》记录了康熙三十四年（1695）蓝理功成名就后，不忘祖宗恩德，不忘桑梓之情，捐资重修蓝氏家庙的经过。之后，种玉堂又经多次重修。后来1982年旅居印尼华侨重修，种玉堂有《旅椰华侨第三次重修种玉堂碑记》。2009年，又再次重修，种玉堂有《四修漳浦蓝氏宗祠种玉堂碑记》。这次重修得到了台湾、香港、印尼及省内外蓝氏宗亲积极响应，筹资300万元。在修旧如旧原则下，历经五年竣工。2014年4月23日，举行了"省级文物保护单位（重要涉台）——漳浦蓝氏宗祠种玉堂修缮竣工庆典仪式"。时任国家民委国际交流司副巡视员蓝海滨、台湾蓝姓宗亲会理事长蓝德俊、漳浦县县长苏孝道等，共同按下"四修漳浦蓝氏宗祠种玉堂落成庆典仪式"启动球，来自海内外的1000余名宗亲代表参加了庆典活动。

蓝海滨（左一）、蓝德俊（左三）等按下四修种玉堂落成启动球

四修漳浦蓝氏宗祠种玉堂落成庆典仪式结束后，下午又在赤岭乡富岭街举行了蓝理将军"所向无前"雕像揭幕仪式。蓝理将军"所向无前"雕像位

于漳浦县赤岭畲族乡赤岭村富岭街，由花岗岩雕刻而成。雕像由大发石业（福建）有限公司捐资150万元，历经一年落成。整个雕塑构意是蓝理站在一艘舰船上头朝东，即台湾方向远眺。舰船身长40多米，蓝理雕像高达10.8米，与船头所雕刻的"所向无前"四个大字共同体现了蓝理舍生忘死的英雄气概。雕像的落成，为漳浦赤岭畲族乡增添了一张令人敬仰的历史人物新名片、一道亮丽的名人旅游新景点，丰富了畲族乡的人文内涵和文化底蕴，激励后人要发扬先祖"勇壮简易""所向无前"的拼搏精神，在新时代再创辉煌。

数百年来，种玉堂成为海内外蓝氏宗亲寻根谒祖之处，是蓝氏后裔祭祖之福地，每年都会举行谒祖、丰收节等活动。2019年4月7日，"中华一家亲·2019海峡两岸各民族欢度'三月三'节暨福建省第八届'三月三'畲族文化节·第十二届海峡两岸少数民族丰收节"在漳州开幕，赤岭畲族乡种玉堂成为分会场之一。赤岭乡有畲族人口1.24万人，占全乡人口92%，是福建省畲族人口比例最高的民族乡，也是全国蓝氏人口密度最大和纯度最高的乡镇级聚居地之一。

"所向无前"蓝理石雕像

"三月三"是包括畲族在内的海峡两岸少数民族的重要传统节日。海峡两岸各民族约1600人聚集在种玉堂广场，共同欢庆"三月三"丰收节，畅叙两岸情。台湾中华两岸少数民族知识经济交流协会理事长廖国栋出席了会议，他感言:"两岸要经常往来,常常相见,才会亲上加亲,才能够让我们进一步感受到一家人的感觉。"

2009年,种玉堂以"蓝氏宗祠"列入福建省省级文物保护单位。

2019年种玉堂"三月三"丰收节庆典现场

菩萨将军

危难受命　筑城居安

康熙二十九年（1690），康熙调蓝理任浙江定海总兵，正二品，并兼摄提督之职。临别前康熙送蓝理"上善若水"四字，其寓意深刻，寄寓皇上对臣属的厚望。此语出自《老子》："上善若水，水善利万物而不争；处众人之所恶，故几于道。"指的是：至高的品性像水一样，泽被万物而不争名利；不与世人一般见识，不与世人争一时之长短，做到至柔却能容天下的胸襟和气度。

蓝理受命于定海艰难之际，奉圣旨赴东海之滨——舟山群岛。在定海从政的岁月，他无怨无悔地为展复定海、重建普陀山殚精竭虑，不负圣帝之重托。

当时的定海，也就是今天的舟山群岛新区，孤悬海外，历来是兵家必争之地。历史上县制多次被废建，尤其是明清时期两次大的海禁，使定海几乎成了荒岛。

明朝实施海禁的原因是，元明之际方国珍集合了东南沿海及岛屿众多山民、船户，占据海上。舟山群岛中的兰山、秀山等岛，聚集了一批武装力量。据《明太祖实录》载，洪武元年（1368）五月，"昌国州兰秀山盗入象山县作乱，县民将公直等集乡兵击破之。初，方国珍遁入海岛，亡其所受行枢密院印。兰秀山民得之，因聚众为盗"。他们抢掠大户人家，甚至还曾攻击宁波府。就这样，明朝廷直接禁止沿海居民私自出海。明嘉靖年间《筹海图编》中有关明初舟山徙民是这样记载的："国初，定海之外，秀、岱、兰、剑、金塘五山争利，内相仇杀，外连倭夷，岁为边患。信国公经略海上，起遣其民，尽入内地，不容得业，乃清野之策也。"定海迁界，哀鸿遍野。一介布衣王国祚只身进京面见朱元璋，力陈舟山兵民耕战结合之利。最后说服了朱元璋，准留舟山本岛居民547户，8805人。

到了嘉靖二年（1523），兵部尚书宁波人张时彻撰《防海议》，记录了当时舟山惨状：一方面，军籍半空，供输锐减，仓储不足，导致卫所军丁逃亡；另一方面，孤岛不空，剩下居民依旧繁衍生息，甚至还有3000多的外来移民谋生计。

清朝海禁的理由，前面已经提及，主要是为了孤立反清复明的势力。后来，郑经实力逐渐萎缩，失去了对浙江沿海的控制。再后来，郑经去世，郑克塽继位，政权不稳。康熙帝命福建水师提督施琅为平台大将，施琅授蓝理

明洪武十九年（1386），朝廷实行海禁，强制昌国（今定海）46岛居民迁往大陆情形

康熙御赐"定海山"银榜

为先锋战澎湖。由于施琅平定了台湾，才有沿海"海禁"的解除。

康熙二十二年（1683），总兵孙惟统奏请展复舟山，给事中孙蕙奏请移定海镇（现镇海）总兵于舟山。二十三年（1684），云南澄江县人赵士麟调任浙江巡抚，他会同定海镇总兵孙惟统等撰写了《舟山展复事宜疏》，提出"舟山为宁郡藩篱，亟展设兵防守，请移定海镇于舟山，统三营驻扎镇守"的主张。他们建议复迁原籍舟山各岛百姓回岛，并鼓励内地农民来定海垦荒屯田。同年，定海展复。

康熙二十五年（1686），舟山镇总兵黄大来会同浙江巡抚赵士麟等，向康熙提出了在舟山群岛重设县治的建议。翌年五月，康熙帝认为"山名为舟，则动而不静"，遂取海波永定之义，诏改"舟山"为"定海山"，御赐"定海山"额。

康熙二十七年（1688），朝廷批准在舟山群岛设立定海县，并改原定海县为镇海县。至此，海禁三百年的定海荒岛拉开了展复的序幕。

因舟山海岛迁徙，大量人口游离失所，百姓"谋生无策，丐食无门，卖身无所，辗转待毙，惨不堪言"。（清陈鸿撰《莆变小乘》）"民死过半，枕藉道涂"，"近因迁移渐死，十不存八九"（清康熙四年闽浙总督李率泰奏疏）。展复初期的定海，因为海禁，耕地废弃，城池损坏，百姓皆住透风漏雨的茅草屋，且无县署，又乏税收。

定海县设立之后，原籍舟山群岛的百姓纷纷回迁。江浙各地穷困百姓见舟山群岛地广人稀，有丰富的盐业、渔业资源，也陆续呼朋唤友，将妇携雏，来海岛定居。

回岛后，百姓上无居所，下无田地，亦无市可易。尤其是历经了南明军、清军多次战争破坏的定海城，城墙坍塌，城郭废弃，瓦砾叠堆。时任浙江提督陈世凯，首先想到了要修复城池。

康熙二十八年（1689）十二月，陈世凯抱病进京。初四日，康熙亲自召见。翌日，陈世凯因病客死北京。陈世凯抱病执意亲自北上朝见皇帝，就是要请求创建定海城。康熙皇帝被其精神所感动，于是同意修城。

大学士伊桑阿等内阁官员曾以折本请旨："工部题，原任浙江提督陈世凯奏请海外定海山地方辽阔，新集之民在一处居住者少。若将小民居住之处周围创造一城，街道相通，始得安集。请如先年修河南开封府城、直隶通州城捐纳之例，酌议捐输建造。议不准行。"这就是说陈世凯请求采取募捐集资的办法建造定海城，工部是不同意的。但康熙皇帝闻陈世凯上奏之后，就面谕内阁大臣们，说定海地方关系紧要，捐纳非善事。最后不但准陈世凯所奏，而且还传旨拨给皇银建造城池。

建造定海城的谕旨下达后，宁波知府张星耀、同知钱为青，定海知县周圣化，以及镇海、慈溪、象山诸县县丞、典史、巡检等，分别被授为总裁、监造、承造、管工各官。他们立即进行紧张筹备，并于康熙二十九年（1690）四月十六日动工。

康熙二十九年三月，蓝理任定海总兵，刚好赶上定海修建城池。蓝理与

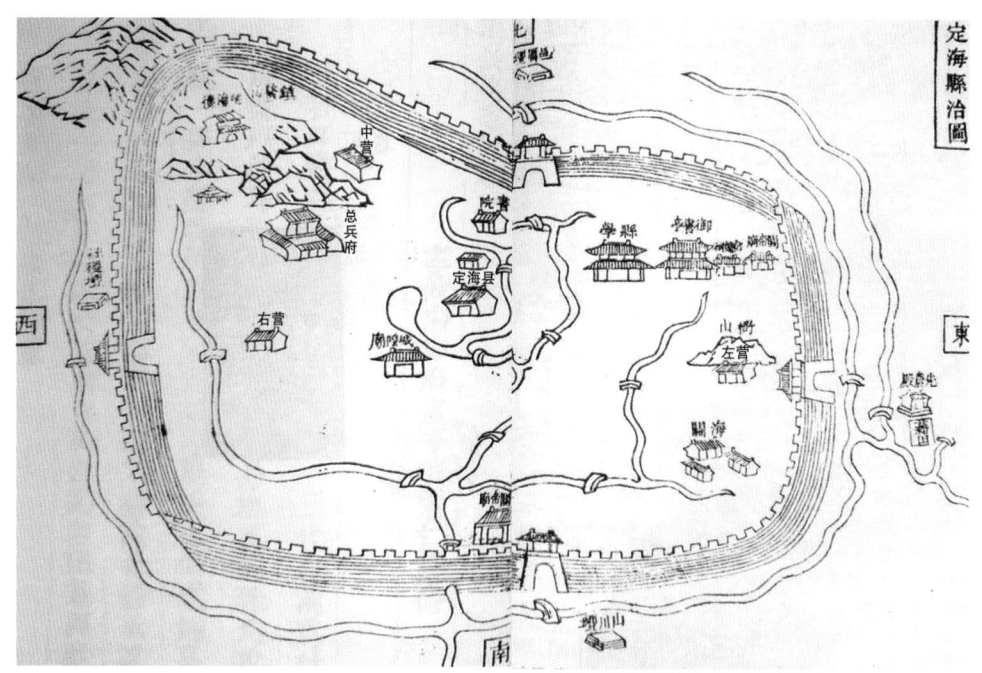

清雍正《宁波府志·定海县治图》

知县周圣化鼎力合作,亲自参与这一工程。定海展复不久,劳力缺乏,蓝理在做好巡海剿匪等工作的前提下,抽调左、中、右三营之兵力为重建城池出力。

在军民共同努力下,历经十六个月辛劳,定海城于康熙三十年(1691)八月十六日竣工。此次重修共动支正项钱粮三万一千二百八十两,是舟山建城史上开支皇银最多的一次,也是舟山最早的军民共建家园的典型范例。

新城规模循旧址建筑,计周长

定海城南水门

1216丈，城高2丈，址广1.5丈。置齿状雉堞（即"女儿墙"）1280个，城堞高4尺。设东南西北4门，门上各建飞楼1座。又建窠铺38座，分布4门。城南设水门1座，门外围绕城濠。经历了战争劫难后，一座崭新的海岛新城重现于东海之上。

此时的定海县，与宋元时期行政区划基本一致，恢复富都、安期、蓬莱、金塘四乡。展复初期，人口主要聚集在舟山岛和金塘岛附近，普陀、岱山、嵊泗等地人口较少。在展复政策招引下，迁出去的百姓纷纷回迁岛内开垦复业。

展复航业　通商振市

定海港位于中国沿海南北航线与长江"黄金水道"T形交汇处，是中国东部沿海港口资源最丰富、地理位置最优越的港口。

南宋建炎四年（1130），沥港始设兵寨。开庆元年（1259），台温明越四郡民船泊于此港。元至元十五年（1278），朝廷下诏，指定高丽、日本、安南、占城、缅甸、爪哇等六国，朝贡后在岑港可自由互市，故称岑港为"六国港口"。皇庆元年（1312），沥港成为直航天津大沽的漕运港，分担福建地区和浙江温台所、庆绍所重要的漕运任务，成为南粮北调的重要港口。宋元时期，定海成为"海上丝路"贸易的繁华之地。明朝普陀区六横双屿港，成为"十六世纪海上自由贸易港"。它曾是明代中叶亚洲最大最繁华的海上国际自由贸易港口。明嘉靖年间因海盗猖獗，官兵以木石填塞港湾而港被废弃。

海禁三百年，海上"不许片帆入海"，舟山岛人烟荒芜。康熙二十三年（1684），开海禁，岛民内迁。二十四年（1685），部议批准浙江省照福建、广东例，允许五百石以下的船只出海贸易。于是，在宁波设立浙海关。

蓝理到任定海，看到码头废弃，船只无处停泊，蓝理捐俸禄，召三营官

蓝理在定海总兵府

兵建码头,通海上航线。不久朝廷下旨允许外国商船靠泊定海口岸,繁荣了海上贸易。

康熙年间,定海港对外贸易频繁,时有外国货船来定海码头停泊、转运。定海成为中国早期对外开放的口岸。英国人也因此了解了中国定海,认为舟山岛是他们理想的贸易中转口岸,多次向清政府提出要将定海作为其贸易驻留之地,但都被中国政府拒绝了。清康熙《定海县志·田赋·番船贸易增课始末》详细描写了英国人和英国船:

按:红毛,即英圭黎国,在身毒国(印度)西。其人有黑白二种,白贵黑贱,皆高准碧眼,发黄红色。中土呼为"红毛",又呼为"鬼子"。其国以贸易为务,军需国用皆取给焉。自英圭黎至中国,水程数万里,舟行半年余。船式夹板,头尖尾大,篷桅随风逐级增减,与中国殊。虽逆风亦可戗驶。船舱极深，梯级上下。凡三层，船底夹帮双板，涂灌松脂、桐子油，坚硬若铁，能敌风浪。往来于广东澳门、福建厦门间，有乘风至定海者，地方官员不敢擅留。

志书记载，定海人把英国人称为红毛，因其头发是红的；又称他们为"鬼子"，因为他们穿着古怪。他们为采购货物来中国贸易，水程数万里，船行半年多。志书还详细描写了英船结构及建造工艺，这在其他的地方志中是没有的。

清康熙《定海县志》还收录了康熙三十三年（1694）、康熙三十五年、康熙三十七年浙海关监督的题请，即：

康熙三十三年，监督常在具题谓："初设海关时，定海尚未置县，故驻扎宁城。凡商船出洋回洋，出入镇海口，往返百四十里。报税给票，候潮守风。又蛟门、虎蹲水急礁多，绕道涉险，外国番船至此，往往回帆而去。请移关定海，岁可增税银万余两。"两部议：移关定海，府城市廛，必至弃毁，定邑又须建造。令仍驻扎宁波，差役前往收税。三十五年，监督李雯复请："移关镇海县，照闽省设关厦门、粤省设关澳门例，设红毛馆一座，外国商船必闻风而至。"部议：移关殊毁成功，设馆恐縻正帑。俱未准行。

三十七年，监督张圣诏题："定海呑门宽广，水势平缓，堪容外国大船，可通各省贸易，海关要区无过于此。自愿设法捐造衙署一所，往来巡视，以就商船之便。另设红毛馆，安置红毛。夹板大船人众，可增税一万余两。府城廛市仍听客商贸易，不致毁坏。"部议覆允，奉旨依议。

康熙三十四年，蓝理多次建议在定海设海关，外国商船就不用远航到镇海去报税。并提议建红毛馆，安置外国船上众多之人。这样，外国商船不会中途折回，定海亦可增税万余两。康熙三十七年，礼部回复同意，定海始设海关，建红毛馆。此后，来定海的外国商船增多，成为我国对外开放的口岸之一。康熙《定海县志》记载：

康熙三十九年六月，到有红毛夹船二只。船主，一名"未氏罗夫"；一名"未里氏"。又八月，到"庐咖喇"船一只。九月到"飞立氏"船一只。一时称为盛事云。

康熙三十九年（1700）六月二艘，八月一艘，九月一艘英国船来航定海，这与《华夷变态》记载完全一致。《华夷变态》中记载，英船来航情报多是从浙江舟山周边的各个港口。最早是日本江户时代文献记载：元禄十三年（1700）八月二十八日，从舟山列岛普陀山出航，九月八日到达长崎的二十六号宁波船的报告。该报告称：

浙江省内之舟山，今年夏天三艘英船为贸易而进入港口。舟山总兵官蓝

康熙年间，英国人绘浙江舟山定海进口地图

理允许其贸易，所以英船贸易结束后就返航了。由此可知，舟山是一个很繁荣的地方。

从以上简短的报告中，可以看出康熙年间来定海停泊的外国商船比较多。元禄十三年，也就是康熙三十九年，蓝理任定海总兵这段时间，外国商船是由定海总兵蓝理签署后才准许进出口岸的，蓝理代表清政府对外行使国家主权。报告中还提到，"舟山是一个很繁荣的地方"，舟山就是定海县。说明蓝理当总兵的十余年间，定海已成为世界贸易的口岸，成为我国古代海上丝绸之路的港口。

清总兵腰牌，长 8.6 厘米，宽 5.4 厘米

舟山不仅是海上丝绸之路的港口，也是国内商船停靠、商人经商转靠的良港。为了促进海上贸易，发展定海经济，蓝理招徕福建老乡到定海经商、互市。蓝理还在定海衙头东岳宫山脚天后宫旁建八闽会馆，为福建商人在定海经商提供方便，大大地促进了浙江与福建两地经济往来和"海上丝路"的发展。

俸禄疏困　福佑百姓

蓝理初到定海，到处是断垣残壁，城池千疮百孔。百姓居无住所，耕无田地，生活极其困苦。蓝理作为积贫积弱时期的父母官，用自己的俸禄，缓解定海子民的困苦。

修建祖印寺

祖印寺始建于后晋天福五年（940），原址在岱山县衢山岛，旧名"蓬莱院"。宋治平三年（1066），朝廷御赐"祖印"额，始称祖印寺。嘉熙年间，寺庙迁移至定海城内，与原普陀山接待寺合并，成为朝圣普陀山僧俗之众的必经转驻之地。元至元二十一年（1284），高僧一山一宁任祖印寺住持。明朝海禁，寺宇遭毁。宣德年间，都指挥张翥重建。正统七年（1442），遇灾损毁。成化五年（1469），总督张勇再次修复。清顺治十三年（1656），清初闭关海禁，岛民内迁，城垣尽毁，寺院殿宇亦毁于兵燹，四周房舍无片瓦寸椽，到处是瓦砾和断椽，唯有大雄宝殿岿然不动，人们都说佛祖显灵，护佑大殿免遭灾难。

祖印寺大殿（老照片）

祖印寺大门

清康熙《定海县志》载："康熙三十一年，总镇蓝理增建。"蓝理到任后，捐俸禄重修祖印寺大殿，增建天王殿、法堂、斋堂等，使祖印寺香火得以延续。康熙三十五年（1696），蓝理撰《重修祖印寺碑记》，其文如下：

离镇鳌不里许，有寺曰"祖印"。宋治平中，从岱山迁兹地。辛卯壬辰之际，兵燹交江，室庐焚惔殆尽，惟此寺大殿不毁，狮象座皆无恙。意此时天地为之晦冥，山川为之鼎沸。劫火所遭，万象俱化为尘土，而是殿独如鲁灵光岿然特存，岂佛果有灵而造化者相之耶？抑亦人心之良，于逞威播虐之顷，尚存一线，惧祸邀福之见而致是也。嗟乎！象教之不可废，即此可征矣。皇上威德覃敷，展复海疆，筑城建邑，扶桑日出之隅，灿然改观。余叨镇兹土，睹寺怆然，遂捐俸鬻材鸠工而重建新之，官吏士民亦兢乐施与，数月而草草就绪。予乃慨然兴叹，曰："此岂先王之教也哉？"昔之儒者，毅然辟之，不遗余力而历久不废，其故何也？佛之教行，而君臣、父子、夫妇、兄弟相生相养之道固与儒异然，其立意主于清净，大抵弘开慈惠，归于觉世而救民。圣人之言曰："作善降百祥，作不善降百殃。"故于生民之背义害理者，亦必言明有王法，幽有鬼责。而佛者则曰：为善则有福利，为恶则受患苦。其术虽不同，而意主于惩劝者，固与圣人无异也。是亦何背于吾儒，而必欲去之哉？至于君臣、父子、夫妇、兄弟相生相养之乐，则自有生人以来，谁不奉先生之教？固无待儒者论而已，共辟其异也久矣。然则吾新释氏之庐，仍是干城名教云尔，又何歧视为？惟愿居是庐者，务导吾民于为善去恶之路，乐斯尧天舜日、海晏波恬之城而可乎？遂为记，以镌诸石。康熙三十五年十月十一日

《碑记》记录了祖印寺大殿劫后余生的奇迹，认为"象教不可废"是天意，更是皇上倡导治理国家之本。蓝理还写道："圣人之言曰：'作善降百祥，作不善降百殃。'……而佛者则曰：'为善则有福利，为恶则受患苦'。其术虽不同，而意主于惩劝者，固与圣人无异也。"蓝理用佛教的教化，告诉

祖印寺大殿

人们做善事会遇到百事吉祥，做恶事就会遭百事不利。佛教说，善良的人会有好的福报；心怀恶念的人，事事不利。劝导"吾民于为善去恶之路"，这与治理国家的目标是一致的。让人们有一个向善祈福之地，有一个祈祷国泰民安的愿想之处，从而引导百姓克服困难，齐心协力重建家园。

清人陈璇《祖印寺》诗云：

> 翁洲第一古禅林，院宇俱芜佛仅存。
>
> 沧海平时来破纳，遗黎归后理祇园。
>
> 招邀素侣双荒径，尊崇维摩一短轩。
>
> 此去洛迦山不远，潮音日夜印心源。

大概的意思是说，祖印寺因战乱被破坏，国家统一后家园展复，岛上的百姓逐渐回迁。"理祇园"指的是蓝理到定海任职，招邀僧侣到荒芜的寺宇，重新开启象教，修建祖印寺。与普陀洛迦山的观音大佛虽远隔一海，但祖印寺潮音之声日夜不断。

此后数百年，祖印寺历经战火，屡建屡毁。1909年，旅沪巨商朱葆三捐资修建祖印寺，购置进口铁沙木材。现有的天王殿、大雄宝殿、后大殿、钟楼以及东厢房等均为当时所修建。

祖印寺庭院

如今的祖印寺，殿宇恢宏，雕龙画凤，玲珑精美，素有"翁洲第一古禅林"的雅称。其山门、天王殿、大雄宝殿、钟楼、鼓楼均为清代庙宇建筑。自宋以来，祖印寺是定海城内最大的佛教中心，对佛教在舟山本岛的传播及发展有着重大影响。现为舟山市重点文物保护单位和省级重点寺院。

重修城隍庙

祖印寺旁是城隍庙。三百年的海禁，城隍庙毁坏严重，只剩断垣残壁。康熙三十四年（1695），蓝理与知县缪燧捐俸禄，修复破败的城隍庙。他们把最主要的建筑先修复起来，供人们祭祀之用。缪燧在《新建城隍庙记》中写道："展复以来，创置简略，仅蔽风雨而已。余抵任，即与镇府蓝公斥俸鸠工，急先第务也。未竣。乙卯，复偕阖邑衿庶捐资重建，始规模粗就，仪卫改观，蔚然与坛壝、学校并峙于城廓数里之内。"缪燧记录了他与蓝理捐俸禄修建城隍庙大殿，又召集定海秀才和乡绅捐资扩建，始成规模的经过。

城隍庙在20世纪60年代遭火灾，现只剩一堵照壁。

城隍庙照壁

建天后宫

蓝理自小与妈祖结缘,他母亲曾带他去朝拜灵慈宫天妃娘娘。此后,在铜山施琅向妈祖祈祷,又有了能供万人共饮的"万军井"。澎湖海战蓝理拖肠作战获得大胜,民间传说是妈祖助战。台湾平定后,施琅与蓝理奏请康熙加封"天妃娘娘"为"天后娘娘",康熙恩准敕封妈祖为"护国庇民昭灵显应仁慈天后"。杨晓燕编著《中国民间传说人物·海神天后渔家女·妈祖》中写道:

澎湖决战,郑军精锐及巨舰尽丧。康熙恩准蓝理所请加封天妃娘娘一事,御笔敕封妈祖为"护国庇民昭灵显应仁慈天后",派钦差礼部郎中雅虎奉御书香帛到湄州和铜山诣庙致祭,御赐十棚大戏,以资庆祝。

蓝理遵旨亲自到台湾鹿港妈祖大庙祭祀,特从湄州妈祖大庙请得妈祖像到鹿港。这尊妈祖造型端庄素雅,手持如意,为泉州风格的神像雕塑。因香火鼎盛,香烟袅袅,使妈祖圣像熏染成黑色,故又称"黑面妈"。1928年鹿港文人罗君蓝为天后宫重修撰序,文中提到:

台湾鹿港的妈祖庙开基二妈塑像

鹿港圣母之宝像,乃是康熙二十二年施靖海将军之戎幕僚蓝理,同湄洲之僧恭请而来,俾鹿崇祀,至雍正三年始建此天后宫。

蓝理到任后,引入福建商人到定海经商,繁荣海岛经济,将妈祖信仰传入定海。《定海厅志》记载:"天后宫,在南门外东山之麓,康熙年间总兵蓝理创建,旁为八闽会馆。同治间,商民又另建福兴街,即保定会馆。"

杨晓燕编著《中国民间传说人物·海神天后渔家女·妈祖·蓝理与妈祖》故事"浙津闽台,天后扬名"中写道:

定海东岳宫（南门外东山）

康熙二十九年（1690），因海盗日滋，康熙调蓝理任浙江定海舟山总兵官，官阶正二品，并兼摄提督之职。临别前，康熙送蓝理四字"上善若水"，寓意深刻。蓝理到任后，治理海疆，重修普陀，崇文重教，发展民生，深孚士绅僧民之心。

夏季风起，蓝理一日带兵巡视海边，发现一艘渔船沉入海中，幸亏船上渔民被附近的渔民救起来，安然无恙。但这件事给蓝理的触动很大，他想起福建、台湾沿海一带都有供奉妈祖习俗，当年随施琅大将军出征台湾时就曾受妈祖多方护佑，皇上因此也将妈祖从"天妃"晋封为"天后"。妈祖是海上的保护神，定海多数人也都靠海为生，没有妈祖娘娘的保佑岂能说得过去，定海理应修建一座天后宫。有了天后宫，渔民出海前去进进香，求得妈祖娘娘庇护，不说迷信，至少可以在心里获得一份寄托、一份自信。这寄托、希望、自信都是一种善念，而一点善念则足以改善世界许许多多。

这则故事讲述了蓝理将妈祖传到定海的过程。他为了尊重福建商人对妈祖的信仰，也为了将妈祖文化融入定海海洋文化，捐俸禄在定海建天后宫。蓝理捐资备料，吩咐自己的堂侄蓝廷珍回福建老家，从莆田、闽南请来了一批建造妈祖庙的能工巧匠。康熙三十八年（1699），一座做工精致、雕梁画栋的天后宫在定海南门外东山（今东岳宫山）麓建成，蓝理亲自从福建迎请天后娘娘供奉于宫内。因天后宫位于定海衙头，凡出行的人们都会到衙头天后宫祈祷，护佑出海百姓平平安安，出海的渔船顺风顺水满载而归。

购田施祭

定海悬水岛屿，天高皇帝远，历来是兵家必争之地。传说西周时，徐偃王为避战乱来到岛上。袁晁、方国珍曾以舟山岛屿为据点，举起起义大旗，动摇了统治阶级的地位。清顺治六年（1649），舟山成为明鲁王朱以海的行宫（现为舟山陆军司令部），定海成了抗清复明的据点。

顺治八年（1651），清兵分三路进攻舟山，鲁王与太傅定西侯张名振北征吴淞以牵制，命相国张肯堂率兵六千留守定海。八月廿二日大雾天，清兵潜至螺头门，精于水战的阮进亲自驾船出竹山门以火船迎战。结果风向突变，大火自焚其船，人舟俱毁，战斗失利。清兵趁机登岸直逼定海城下。明将张肯堂、刘世勋等率全城军民坚守城池，奋力抵抗。九月初二，城内弹尽粮绝，清兵挖通地道攻入城内。明将刘世勋巷中自刎；鲁王的元妃见城破国亡，投井自尽（现舟山陆军司令部有宫井遗址）；相国张肯堂全家二十多人尽节；城内文武百官，仕女百姓，商儒学生，"举室共焚，或经（吊）于庭，或投于水"，就义而死者一万八千余人。

清兵攻占定海后，进行大屠杀。据《志书》记载，"一饭之顷，横尸若山"，"死者累累相枕藉"。清兵事先约定，屠城至天明。清兵从初二中午起一直杀到深夜，城中竺家弄火光冲天，引发雄鸡齐鸣。清兵以为黎明报晓，就回营中，使城内居民免遭劫难。百姓认为这是神灵保佑，以后竺家弄居民逢年过节都不宰杀公鸡。

鲁王得知定海危急，火速从吴淞赶回。在海上，他遥见定海城内火光冲天，知城已被清军占领，只好败退厦门。

后来宁波府参将乔钵接管舟山，将殉难者遗骸收集起来，经火化埋葬在城北龙峰山麓，名为"同归大域"。

同归域

康熙二十七年（1688）定海建县，人们把九月初二定为"屠城节"。这一天，全城鸣钟击鼓，设街祭，居民家中备"屠城羹饭"，祭祀死难同胞。

康熙三十八年（1699），蓝理捐俸禄购三十八亩七分田地，作为春秋两季祭祀同归域南明殉难者之费用。

康熙三十九年（1700），缪燧游历北郊龙峰山，见同归域已经破败不堪，捐出银两进行修葺。康熙四十二年（1703），缪燧建祠三间于墓前，匾名"成仁祠"。缪燧在《成仁祠记》中写道："爰请上宪，为建祠宇数楹。又买田若干亩，归之学宫，使主春秋两祭。而元戎蓝公实赞成之。"这里的蓝公，指的就是定海总兵蓝理。

1997年8月，同归域被公布为浙江省级文物保护单位。

蓝理捐俸禄修建祖印寺、城隍庙，新建天后宫，置田祭南明殉难军民，使展复初期定海百姓民心更加凝聚，社会环境日益好转，人民生活逐渐改善。

康熙四十八年（1709），定海守岛将士三千人与百姓杂居，和睦相处。城内学校书声琅琅，百姓彬

成仁祠

彬有礼，诗说礼风，提倡文教，练习武术，过上了安定生活。为了感谢皇帝浩恩，知县缪燧在城南旧址捐资修建关帝庙。关帝庙建成后，知县缪燧在《重建关帝庙碑记》中写道："祠成，有请于余者，曰：'元戎吴公郡、施公世骠、蓝公理、故元戎黄大来，此四公者威有功德于民，民不敢忘。'爰复构两庑，肖像而祀之于旁。是为记。"缪燧在碑记中记述了定海百姓为感谢"功德于民"的四位父母官，在关帝庙两侧庑廊分别挂康熙四十七年（1708）定海总兵吴郡、康熙四十年（1701）定海总兵施世骠（施琅之子）、康熙二十九年（1690）定海总兵蓝理、康熙二十四年（1685）定海总兵黄大来的画像，永远铭记这四位总兵为定海展复所作出的重大贡献。

普陀护法　深结善缘

蓝理任定海总兵是康熙钦定的，除了要戍守海疆，建设海岛，还有一个重要任务就是重建普陀山观音道场。

普陀山观音道场形成于唐咸通四年（863）。那一年，日本僧慧锷第三次入唐求法，朝礼五台山。至中台精舍，见观音妙相庄严，恳请迎归本国，寺院僧人允许其请求。

慧锷负像到明州（今宁波）开元寺，觅得唐人张友信便船将登舟。圣像忽然重不可举，与同行新罗（韩国）贾客等尽力负之，才搬到船上。船航行到朱家尖石牛港口，惊涛怒吼，船触新罗礁，漂至普陀山潮音洞停泊。慧锷晚上梦见一胡僧说："只要你把我安置此山，就会有便风送你去日本。"慧锷将此梦告诉众人，众人认为胡僧就是菩萨化身，一定是菩萨不愿东去而托梦的。于是，一起搬圣像上岸，搭建茅舍留置，祈拜而去。山上居民张氏目睹此情，在双峰山（今普济寺后山）自己住宅供奉之，俗呼为"不肯去观音"。不久，开元寺住持道载梦见观音欲归此寺，报告郡守，特派人将观音像请回

慧锷船在莲花洋受阻（石雕）

明州。郡人祈求辄应，称为"瑞应观音"。一天，来了一位和尚，自称善于雕塑佛像，在寮房内闭门不出。一月后刻就一尊大士圣像，竟与"不肯去观音"一模一样。此时，却不见和尚踪影。寺僧认为此僧必是大士化身，便把此像请到普陀山。从此，岛上的渔民以及在普陀山等候风汛的各国商船，都向"不肯去观音"朝拜，祈求航海平安，无不应验，被誉为"灵感观音"。后梁贞明二年（916），在张氏故址建"不肯去观音院"（后改名宝陀观音寺，即今普济寺）。

据记载，普陀山曾有过不少名称。汉代因梅福在山上隐居，称"梅岑山"；宋代称宝陀山；元代称补陀洛迦山；明代，因"补陀洛迦"四字是梵语"小白华（花）"音译，称白华山；明万历年间，因参将侯继高题词"海天佛国"，普陀山又多了一个"海天佛国"的雅号。

普陀山曾有过三次大灾难。第一次在明洪武二十年（1387），负责东南沿海防卫的信国公汤和，在巡视舟山群岛经过秀山岛时意外碰到了一起岛民械斗，误伤其手下。汤和以此事件为由，奏请朝廷，建议对舟山群岛等沿海地区进行"清野之策，而墟其地"。朱元璋立即采纳了此建议，下达禁海令。朝廷派来的人烧毁"殿宇三百余间"，所有僧侣都被驱散赶走，连观音大士的造像也被强制请到了宁波栖心寺，还把栖心寺改名为"补陀寺"。这次迁山，

慧锷请观音入住普陀山

做得非常彻底。《普陀山志》记载，整个普陀山"仅留铁瓦殿一所，使一僧一介守奉香火"，这是普陀山遭受的最严重的一次灾难。

普陀山遭受如此劫难，仅仅是开始。所有的僧侣和佛像都被迁走后，成为一座荒草弥漫，庙宇毁坏的空山。这座空山却为倭寇、海匪提供了据点，他们窃据舟山各岛，经常骚扰普陀山，致使普陀山"寺残僧散，荡为荒烟蔓草者百余年"。

明嘉靖六年（1527），朝廷又开始重视普陀山，赐琉璃瓦建新殿宇，但好景不长。第二次，明嘉靖三十二年（1553），倭寇再次将普陀山作为巢穴，殿宇被破坏，历年珍宝文物被抢劫，连明敕赐的石碑都断裂倒于海中，仅剩下圣寿寺等殿。朝廷以抗倭为由再次派兵上山捣毁寺庙，强行遣散所有僧侣和

不肯去观音院

普陀山码头（1933年摄）

山上的居民，铁瓦殿也迁至镇海招宝山，普陀山寺庙一夜之间被毁得荡然无存。朝廷唯恐再生事端，实行严厉的海禁政策，不许一船一人登普陀山。如有违抗，照例充军，使普陀山"梵音虚寂，鼎篆尘芜者，垂数年"。

明朝对普陀山的破坏是非常严重的，周应宾编纂《重修普陀山志》记载："国朝洪武二十年，信国公汤和徙居民入内地，迁瑞相于郡东栖心寺中，仅留铁瓦殿一所，使僧守焉。"又记载："（嘉靖）三十二年，东倭人犯，总督胡宗宪迁其殿宇于定海县（今镇海）东城外之招宝山，迎大士像供焉，余舍尽焚。"这是普陀山在明朝遭受的第二次大灾难。第一次与海禁有关，第二次与倭寇有关。万历年间，明神宗赐金重建。

第三次在清初，虽然海禁主要对象不是舟山，是两广所在的南海，但这次海禁，对舟山造成危害特别严重。

清顺治十八年（1661），郑成功收复台湾，继续抗清，给清廷造成了很大的威胁。清政府颁"迁海令",将鲁、江、浙、闽、粤沿海居民尽徙于内地,设立边界,布置防守,形成了全国性的海禁局面。而对于舟山,更是严令"将所有沿海船只悉行烧毁,寸板不许下水。凡溪河,坚桩栅。货物不许越界,时刻瞭望,违者死无赦"。

1930年,普陀山进山门及牌坊

1993年《定海县志》载:"清顺治十八年(1661),清军再次遣徙潜回居民1118户,共计5220人。"

因此,整个舟山群岛没有清兵驻防,成了无人居住的荒凉之岛。当时普陀山的僧侣并没有迁走,继续着明万历中兴之后的繁荣发展。僧侣四集,香火缭绕,与荒无人烟的其他岛屿形成了鲜明的对比。但由于普陀山"独自繁荣"无人保护,又给普陀山带来了灭顶灾难。其中,对普陀山危害最大的是荷兰殖民者。

康熙元年(1662),郑成功将荷兰殖民者赶出了台湾。这些"无家可归"的殖民者就在海上四处漂荡,普陀山成了他们骚扰掠夺的目标。康熙四年(1665)五月,两艘满载荷兰殖民者(舟山民间称他们为"红夷""黄毛")的兵船,强登普陀山。《普陀山志》记载,这些"红夷"强盗,手执短枪利斧,上山后捣毁佛像,将历代御赐的金佛、银钵、玉环等抢劫一空,"两寺及山中静室皆然,无一免者"。由

普济寺大圆通殿法堂

是"僧藏尽空，宝地残毁"，而且他们连普陀山居民的耕牛也不放过，"击杀耕牛"，抢肉而去。

自明代倭寇骚扰破坏以来，普陀山又一次遭到外国强盗的抢掠，损失十分惨重。三个月后，这些"红夷"竟然去而复来，又一次上岛。这次庙宇里已经没有什么可以抢劫的了，他们的目标对准了居民，把牛畜家禽等生活物资抢劫一空。

普陀山息耒院北魏青铜佛像
（载1928年《晨报星期画报》）

裘琏《南海普陀山志》之《御制南海普陀山法雨禅寺碑文》记载："法雨寺者，南海补陀山大士之别院也。名山佛国，大海慈航。……值氛侵之震惊，致山川之倒寂。僧徒云散，佛宇灰飞。"这里的"氛侵"，指的就是荷兰殖民者对普陀山的侵扰。

在"梵刹"之"敕建赐额普济禅寺"记载："自乙巳夏，遭黄毛寇劫掠焚毁，而大殿若鲁灵光巍然独存。皇清康熙十年，因海氛不静，迁徙内地，宝地尽残。"这里的"黄毛寇"，亦指荷兰殖民者。

接连两次的抢掠，普陀山的僧尼和居民拿起武器赶走了此后多次来山骚扰的"黄毛"，使荷兰殖民者不敢再登普陀山。康熙八年（1669），普陀山又遭到了海盗的突袭，寺庙又一次遭到毁坏。

康熙十年（1671），在消灭了南明抗清的最后一支武装之后，朝廷再次实行海禁，尽徙居民于内地。王亨彦编撰的《普陀洛迦新志》卷五"梵刹门"记载："清康熙四年，遭红夷蹂躏，劫掠一空。十年，又徙居民，殿宇残毁，如洪武时。"可见这次海禁，比顺治时还要严厉，堪比明初时期的海禁。明朝的海禁造成普陀山僧侣全部被迁出，岛上各庙宇尽数遭到毁坏。清朝海禁对普陀山的破坏，有过之而无不及。

康熙二十二年（1683）六月，蓝理作为先锋追随施琅平定了台湾，统一了大清疆域。这年十月，康熙帝颁"展海令"。十月二十五日，普陀山众僧归山，"僧复故业"。

普陀山是观音道场，观音崇信是一种全民信仰。帝王出于治理国家和自身心理抚慰的需要，对观音信仰非常尊重，留下了帝王与观音的传说。尤其是康熙，他的恩赐对重修普陀山起着非常重要的作用。

二十八年（1689），康熙南巡浙江，定海总兵黄大来护驾。

黄大来（？—1690），字君甫，陕西人，行伍出身。康熙十八年（1679），任定海（今镇海）镇总兵。二十三年，为舟山总兵。二十五年，奏请舟山复建县治。二十七年，任定海总兵。黄大来曾在定海城关建"望海楼"。卒于官，追赠太保。治军严明，自奉节俭，爱惜百姓。定海百姓在城南道隆山建太保庙祭祀。乾隆年间曾被奉为定海城隍庙菩萨。

明著名画家董其昌书"入三摩地"

黄大来跟随船队护驾康熙，《普陀洛迦新志·灵异》载：

二十八年春，圣驾自禹陵回。御独木龙头小艇。一日将到嘉禾城，过某桥，忽见老妪，当头簪红花一朵，独操小舟，直过御前，上问："何船？"妪应曰："渔船。"上问："有鱼否？"妪应曰："有，欲买否？"言讫，不顾而去，未知所往。定海镇戎黄大来，尾御舟行。见上与老妪语，惊疑之，急棹拥卫。上问："何官？"答曰："臣定海总兵黄大来。"上即从容问大来舟山状。大来于是得乘间言普陀事颇详。次日召大来入，发帑金千两，建盖普陀山寺。

黄大来在护驾期间,乘隙向康熙汇报了普陀山废圮状,才有康熙赐金千两,下旨重修普陀山。康熙原本将普陀山重修的重任交给黄大来,但由于定海展复初期,百废待兴,黄大来因劳累过度于第二年病逝,蓝理受康熙帝之命,继任定海总兵之职,担当起了重建普陀山之重任。

蓝理对观音信仰由来已久。当初平定台湾之后,施琅和蓝理回到厦门,施琅曾让蓝理和他一起去普照院。这个普照院,位于厦门五老峰下,始建于唐朝,五代时期名为"泗洲院",宋朝改为"无尽岩",宋治平元年(1064)又改名"普照院"。元时被废弃,明洪武年间重建。施琅和蓝理到了普照院,发现寺院破败,他们就捐资重修寺院。之后,普照院改名为"南普陀寺"。

蓝理到任定海,就登普陀山朝拜。别庵性统在《蓝公留衣堂跋》写道:"大元侯蓝公,于庚午岁自宣化奉命移镇定海。甫下车,为国祝禧,旋登普陀。"

蓝理这么急于登普陀山,一是为国祝禧,二是想了解普陀山状况。他认为,康熙将修复普陀山重任交付自己,是对他的莫大信任,也是他一生想做的善举。蓝理在《潮音语录序》中写道:"前岁圣驾南巡,稔悉定海为东南胜地,而普陀洛迦又为天下第一灵山,特布帑金虔修寺宇,盖圣天子之留心教典至矣。迩因定镇虚席,命理改镇兹土,诚千载一时之知遇也。予自顾何人,膺此重寄!"

蓝理从短姑道头踏上佛国净土,目之所极,满目疮

1930年,普陀山登岸处

南天门

痍。普陀禅寺（普济寺）、镇海禅寺（法雨寺）两大寺庙，昔日辉煌的大殿佛像荡然无存，仅剩断柱残壁，孤独地残存在荒芜的瓦砾中。面对此情此景，蓝理拊膺长叹，佛地遭到如此蹂躏，深感责任重大！

一日，蓝理来到南天门，不禁赞叹壮丽的天海景色。南天门位于南山，从短姑道头向东约 500 米，右转到海岸尽处便可看到一座孤悬的小山，这就是南山。岗上苍松劲拔，绿草如茵，巨石矗峙，上镌"海岸孤绝处"。相传，宋代真歇禅师曾结茅于此。临崖有岬谷浸延入海，礁石嶙峋，海鸥翔集，风光独特。向西南约行百步，只见两石对峙似门，高约 3 米，厚 2 米，间距 2 米。两石之上一石横贯，此为南天门。穿过南天门，左侧紧挨两巨石，称"狮岩"。岩巅有两只圆形小水潭，叫作"狮眼"。狮岩下濒海处有磐石数块，体圆而高,其大如屋,撼之作响,砰砰然如挝鼓,称鼓石。

蓝理兴致勃勃地登上狮岩,眺望远处,天海茫茫。只见对面朱家尖山峥嵘突兀,仿佛卧龙伏虎。左侧新罗礁,孤悬在石牛港口,远远望去,如仙鲸浮水,十分清晰。由此向东濒海,与南山一水相隔,中间一湾金沙,仿佛金龙卧波,便是龙湾。蓝理面向大海,心潮起伏,此情此景令他心旷神怡!想起祖国统一后,海疆固守,百姓重新过上安定生活,不禁感慨万千!便有感而发,书写了"山海大观"四个大字,并将"山海大观"镌刻于南天门狮岩上。"山海大观",字径0.7米,落款:"定海总镇左都督蓝理书"。蓝理另作《登南天门题"山海大观"于石上有赋》诗一首:

东西门既列,午阙可无开?

海不扬波地,山偏尽日雷。

钟鸣刁斗静,帆动象龟来。

何必燕然石,始称汉将才。

诗中"东西门",是说普陀山有东、西、南三门,东西两门已有镌刻,唯有南门没有题勒。清许琰编撰的《普陀山志》记载:"东天门在光熙峰左门上,一石特奇秀,门石止高丈许,而上石乃高三倍。嵯岈嵌突如花怒开,可名石芙蓉也。后山之石以此为杰矣。又虎巁侧亦有东天门,即法华洞之顶也。"又载:"西天门在金刚窟西,两石对峙,端盖方石,峻整如门,真鬼工也。"所以说南门还没有,即"无开"。午阙,午门,皇宫正门,即南门。蓝理把南天门提到很高地位。后来,普济寺潮音大师题"南天门"

东天门

刻于"门楣上"。海不扬波,香船往来,一派太平景象。此时,海氛初静,所以说是"海不扬波"。"钟鸣斗刁静",钟鸣,指观音道场佛事热闹,僧尼功课繁忙,故钟声悠扬。刁斗,是古代行军用具,铜质,有柄,能盛一斗食物。军中白天用来烧饭,夜晚敲击用来巡更。说明只有佛国的钟声,没有刁斗敲击声,暗喻普陀山社会秩序安定。象龟是指佛国使者,这里指的是上山的香客。最后一句是总结全诗。燕然,是山名,在蒙古,后汉窦宪追北单于,登燕然山刻石记功而返。全诗表达了蓝理虽是一位守海之将,但在太平岁月又是一位护法的菩萨将军。他认为:只要守卫好海疆不让外寇入侵,同时完成朝廷交付的重任,弘扬佛法,其功绩就与汉代镇守西北边境,在燕然山勒石的大将窦宪一样,名标史册。事实也是如此,蓝理重修普陀山的功德,正如他的石刻一样永远铭记在人们心中,功名永存!

蓝理题刻"山海大观"

王连胜主编的《普陀洛迦山志》记载:"康熙二十九年(1690),定海总兵蓝理题'山海大观'四字镌南天门岩壁。"

南天门孤悬入海,历代文武官宦或骚人墨客游访此处时,留有许多题咏。其摩崖石刻为数众多,气势非凡,蔚为壮观!其中有不少是蓝理老乡闽人的题刻,如"得月最先""别一洞天""化日光天""澹宁所居"及法雨寺住持别庵性统书"到此方知"等。南天门摩崖石刻令香客、游客叹为观止!学佛之人在这里闲坐、聚谈,又往往会受到佛法的启迪,这里成为普陀山禅佛、修佛之处。

南山原是一处海礁,潮落后才能通行。宋时,在松岗和南山之间架一桥,原名妃桥,后改名环龙桥。环龙桥是通南天门的唯一通道,蓝理看到环龙桥年久失修,就捐俸禄修建此桥。后来普济寺住持潮音在"山海大观"旁建大

西天门

观篷,又更名大观桥。人们为了纪念蓝理修桥的功德,清宣统年间桥栏题刻"蓝桥"。"蓝桥"两字如今仍清晰可见。

为了修复普陀山,蓝理遍访全山佛地圣境,留下了蓝理与观音有缘的灵异记载。都说心诚的人就能见到佛的应身。蓝理从小信佛,传说这次他奉命修建普陀山,有幸在梵音洞亲历观音现身。裘琏编《南海普陀山志》记载:

民国时南天门环龙桥,桥拱书"蓝桥"

二十九年六月二十九日,定镇蓝公理,谒梵音洞,亲见大士现身。大眉赤面,富须髯,眼露青白光,鼻准微有白点。冠金圈大火焰。衣黄黑色,阔领方袍,微似达摩状。头顶具见,后但露一手。又见一小佛,赤脚立大士顶上。公叩谢不已,倏无所见。

每年的农历二月十九是观音诞辰日,六月十九是观音得道日,九月十九是观音出家日,为普陀山三大香期。这一年的观音得道日,蓝理刚到普陀山不久,他虔诚地来到梵音洞,据说有幸见到了观音现身。蓝理将自己所见到的观音形象生动地记录下来,被裘琏载入《普陀山志》。

民间传有蓝理与普陀山观音的故事,薛冬编撰的《普陀山》也写了《妇人提篮会蓝理》的故事:

康熙年间的一天,定海总兵蓝理巡缉

大观桥远景

普陀洋面。突然见一妇人乘小舟,手中提篮。篮中有鲤鱼一尾,艄后有一童子划船。蓝理呼叫停船,但妇人理也不理,径往梵音洞而去,一会儿便不见了。蓝理很生气,命令士兵向洞开炮,但是炮却打不响。

第二天,蓝理上山礼佛。看见观音大士及旁立的善财童子,与昨日见的妇人童子面貌无异,这才明白是菩萨显灵。篮即是蓝,鲤即是理,蓝理从此愿为普陀护法。

当然蓝理护法是奉康熙皇帝的圣旨,是其应履行的职责。但民间传说,认为蓝理护法是得到观音的感应,把蓝理看作是观音派来的护法使者加以神化。方长生主编的《浙江省民间文学集成·舟山市故事卷》亦有《蓝大人吃素》的故事:

清朝康熙年间,皇帝传下旨意,命内务府拨出库银三千两,重修佛教圣地普陀山。当时的定海总兵叫蓝理。这位蓝大人曾为平息海患立过战功,有

梵音洞

点名气,所以朝廷派他来经管普陀山的修复工程。

蓝大人年富力强,正想显显自己才能。接到这项差使交关高兴,兴冲冲赶到普陀山来坐镇督工。普陀山当家的老和尚接待他,见面就泼冷水:"蓝大人,你有带兵打仗的本事,经管这项工程恐怕不在行。"蓝理问他缘故,老和尚说:"不为别的,只为你太喜欢喝酒吃肉。"蓝理听了哈哈大笑,心想,老和尚真是没事找事,喝酒吃肉跟经管工程有啥关系!他没有把老和尚的话放在心上,只顾自己去办事。

一开头,他就带了一批人雇了一只船到福建漳浦去采办木料。漳浦是他的老家,木料很快就采办齐了。他命人扎好木排,用船拖着,拔锚返航。眼看快到普陀山了,蓝理心里高兴,在船里摆下酒肉犒赏工人,自己也跟着大吃大喝,一船人全喝得醉醺醺地呼呼睡去。到了半夜,海上刮起大风,拖在船后的木排全被

19世纪70年代,上佛顶山的信徒

风浪打散。等蓝理发觉,木料已佥得无影无踪。蓝理吃了这次亏,才觉得老和尚说的话在理。

回到普陀山,蓝理第一件事就是找老和尚请罪。他拔出佩剑,"啪"一声,斩下一只桌角。发誓说:"从今天起我要戒酒吃素,不待普陀山修复不开荤!"

老和尚怕蓝理说了话不算数,特地在前寺山门口摆下一桌素斋,传出话去,叫全山僧俗等人来看蓝大人吃素。那时节青菜还没上市,办斋饭的小和尚只好摘些蚕豆脑、冬瓜脑来充数。蓝理问大和尚:"这叫啥菜?"大和尚说:"这叫龙须菜。"一听这名字,蓝理连忙夹了一筷来吃,只觉得满口苦

涩，勉强吞了下去。老和尚问："好吃吗？"蓝理只好点点头说："好吃，好吃。"吃了龙须菜，蓝理拿起筷子去夹芋艿。谁知芋艿又圆又滑，夹来夹去夹不起。蓝理火了："本大人强盗都会捉，还怕你小小芋艿不成！"索性丢掉筷子，张开五指去抓，逗得围观的人哈哈大笑。

蓝大人吃素以后，工程进展果然很快。这样时间一长，蓝理慢慢地有点熬不住，暗底下嘴巴又有些不干净起来。大和尚得知了，怕他到紧要关头再栽跟头，又想了个计策。一天，他约蓝理到沙滩散步，暗地里叫一个小沙弥打扮成渔姑模样，挽着一只盛有长翅鲤鱼的竹篓子在前面走。蓝理看到红翅鲤鱼馋得要命，恨不得马上煮了过酒吃。他眼睛盯着鱼紧跟在渔姑后边，舍不得离开。走到海边，只听"吱呀"一声，一条舢板靠上沙滩。那渔姑轻轻一跃登上船头，回头朝蓝理微微一笑，便乘了舢板朝梵音洞方向驶去。蓝理正在失望，忽听大和尚惊叫起来："哎呀，蓝大人，那个渔姑定是观音菩萨化身，这篮中之鲤不正应在你的身上吗？"蓝理一拍脑袋说："是了是了，篮、鲤二字合起来就是我的姓名，定是观音菩萨提醒我，莫要动摇吃素的决心。"从此以后，蓝理再也不动吃荤喝酒的念头，直到普陀山修复工程圆满完成。

这个民间故事采集的时间是 1984 年，它是由普陀山合兴村 74 岁农民杨阿冬口述，李世庭先生整理的。村民杨阿冬是从前辈口口相传听来的，虽情节夸张、充满幻想，但却表现了蓝理护法的决心。为了重振普陀山观音道场，蓝理拿出了战澎湖不怕死的英雄气概，一定要在废墟瓦砾上重现昔日殿宇巍峨。

但佛国名山重建不能凭勇敢、凭武功，而要有一个通晓佛理、德高望重且有担当的大和尚相助。当时，法雨寺（时称镇海寺）三年前就请来了别庵性统，但普济寺住持缺位。为此，蓝理求贤如渴，遍寻名山高僧，僧众一致推荐潮音大和尚住持普陀禅寺。

潮音像

潮音（1649—1698），名通旭，俗姓俞，松江华亭（今上海）人。他是清初临济宗巨匠天童密云四世法裔，从小就与普陀山结下佛缘。童年时，母亲送他到普陀山旃檀庵剃发。长大后遍参海内名席高僧，随侍啸堂、寒泉二老，精研佛法。后拜谒天台万年寺无碍彻禅师，得其嘱咐，开法于慈溪寿峰寺。

康熙二十九年（1690）七月，潮音到普陀山省祖。蓝理亲自上门邀请潮音出任普陀寺住持。他带领僧众及远近绅士请潮音上堂拜之，亲手将康熙赐予的帑金交给潮音。潮音上堂拈香祝圣结束后，又感慨说："……革故鼎新，光扬佛日，且道承谁恩力？寰中天子颁纶敕，阃外将军有佛心。"意思就是说，我潮音决心重振普陀山，改革陋制，弘扬佛法。现在有皇上亲赐的帑金，有蓝理将军对佛的诚心，何愁观音道场不会弘扬光大！

潮音作为普陀寺住持，宏开法堂，重振宗风。相传，普陀寺将要重建之时，山前忽然出现五只鹿，恭敬地站立不动，好像在倾听讲法。众僧很惊异，都认为这是法运之祥兆。

普陀寺最早是张氏住宅。后梁贞明二年（916），在张宅故址梅岑山兴建"不肯去观音院"。宋元丰三年（1080），奉诏改建，赐额"宝陀观音寺"。庆元年间（1195—1200），宝陀寺被列为江南"教院五山十刹"之一。明洪武二十年（1387），毁寺徙僧。自明天顺至嘉靖近百年，宝陀寺址在潮音洞。明隆庆六年（1572），真松从五台山龙树寺迁住普陀山。但地方官明令："不许一船一人登山樵采及倡为耕种，复生事端。如违，本犯照例充军。"真松北上京师，奏闻于朝廷，得礼部允许，发给文书，许为住持，重兴宝陀寺于太子塔西山凹内。后毁。

万历三十年（1602）和三十三年（1605），朝廷先后两次遣御用太监张随、内宫太监王臣等赍金千两在太子塔西旧址上重建寺院。张随以"旧基形局浅漏，辟迁麓下"，改北向为南向，寺门正对永寿桥，栋宇巍峨，金碧辉煌，因赐额"敕建护国永寿普陀禅寺"，宝陀寺始称普陀禅寺。

康熙十年（1671），海疆不靖，督镇迁僧众内地。十四年（1675），土寇用火熔毁普陀寺范金观音像，火势蔓延大殿，殿毁。不久，游民失火，焚烧白衣、绣佛诸殿及左右厢房，普陀寺被毁。

在僧众都被迫迁移的时候，有一个人孤独而顽强地坚守十余年。这个人就是公阇。公阇是定海人。他没有回定海，而是与麋鹿为群，过着苦行僧的生活，直至康熙二十三年（1684）舟山展复。此时，舟山总兵黄大来推公阇为普陀寺住持。

康熙二十五年（1686），道衡建厨房三间，将回归寺宇的僧众安顿下来。但寺内废墟一片，瓦砾成堆。潮音对当时的颓废状是这样描述："绀宇华宫，化作颓垣废址。莲台狮座，鞠为茂草荒榛。圣僧打失鼻孔，金刚碎作微尘，弥勒开张大口，笑他二十四圆通，全没巴鼻。惟有鸟雏瑟摩，却较些子，倒骑佛殿，走出山门。"潮音将所见如实地记录下来，殿堂上所有佛像支离破碎，化为尘土。只有鸟儿筑巢，自由出入佛殿。

潮音大师秉性恬淡，视众如己，众人喜爱和他交往，都很尊敬他。他不顾身体虚弱，负米伐薪，补漏修残，无不亲力亲为，持戒严明有度。十年间，潮音主内，蓝理主外，山

民国普济寺前碑堂

上大事小事都协商解决。终于在废墟之上重建殿宇，修复了普陀寺旧殿，新建了天王殿、圆通殿、藏经阁、钟楼、鼓楼、珠宝轩、先觉堂、土地祠、荷花池、正趣亭、大观庵等二十余处。

潮音另一个贡献就是把普陀山律宗改为禅宗，这个也离不开他的高徒绎堂，更离不开蓝理的鼎力支持。

绎堂（1655—1745），名心明，字珂月，宁波人，他是普陀山面见皇帝最多的一位高僧。十三岁时因拒婚至普陀旃檀庵礼潮音剃发。其实在宋朝真歇禅师时代，普陀山就奏请朝廷，改律宗为禅宗。但是在明朝万历中兴的时候，禅宗又改为律宗。康熙二十九年（1690），绎堂与师父潮音一起面见蓝理，提议把律宗改为禅宗，蓝理听了两位高僧建议后，给以大力支持并上奏朝廷。经朝廷同意，又将律宗改为禅宗。禅宗更适合观音信仰的大众化，这对普陀山观音道场的形成与发展起到了很大的作用。绎堂做的第二件大事，就是协

1930 年，普济寺圆通宝殿

助潮音重建圆通宝殿等庙宇。

普陀山观音道场焕然复兴，时人称潮音重建普陀寺"近革八十余年之陋习，远绍四十二祖之芳猷"。潮音德业闻望，人们将他比作元代造多宝佛塔的孚中怀信禅师。潮音大师完成普陀寺重修后，便退居息耒庵修行。

康熙三十七年（1698）冬，潮音大师圆寂。世寿50岁，为僧34年，法嗣25人。塔在息耒院外，衣钵塔在普贤塔后。

潮音撰有《潮音语录》《普陀列祖录》《潮音随录》《百岁老祖宗谱》等著作传世。蓝理为《潮音语录》作序，序文：

余闽人也，壤接四明，自髫年，即识有南海普陀大士显应状，私心向往之。三十年来，驰驱戎马，百战余生，自分根器薄劣，不获于宗门一酬宿缘，为此生憾事。然生平不妄杀一人，不戮一已降将士，则禀承于大士慈悲教居多焉。前岁圣驾南巡，稔悉定海为东南胜地，而普陀洛迦又为天下第一灵山，

民国普济寺御碑堂（正山门）

特布帑金虔修寺宇。盖圣天子之留心教典至矣。迨因定镇虚席，命理改镇兹土，诚千载一时之知遇也。予自顾何人，膺此重寄！莅镇之后，乘片帆赴紫竹旃檀林，斋心礼大士像，上祝圣寿之无疆，皇图之永固，意至深且切也。瞻拜之下，见寺中大众，济济云集，尽属雁行，而欲于其中觅一如来真子，为人天眼目者，而究不可得，无乃法门一大缺陷耶。爰是询之诸僧，访之郡荐绅先生，佥以潮音师对。择日熏沐礼请，强而始至。至之日，四众围绕。升堂说法，如电掣，如云涌，如拈花微笑。深心宏愿，务使末法众生，同归于智海而后已。诸方耆年，不能不为避席。彼天童之浑金璞玉，万年之河倾海注，兼而有之也。抑余又有说焉。潮音洞，为菩萨显现之处，自来以宰官身，得睹自在法相者，由宋迄今，有王舜封、黄龟年、史越、王浩、颜颐仲、张蓬山、曹立诸人，载之志乘，历历不爽。今余以诵帚钝根，归心教海，积诚所感，亦幸遇三十二应身之一。维时同行属弁，无不共目共见，业已另载入灵异记中。是余于此山，实有凤契。而今又适得以洞名名其法号，岂非大士默相昭示，使宣扬大乘于千万世者乎？于其语录之成，而略序之如比。

文中蓝理叙说了自己从小就信仰观音，知道南海观音显灵之事。到定海任职，"诚千载一时之知遇也"。讲述了如何由众人举荐潮音作为普陀寺住持，又"强而始至"的经过。还提到他亲见大士显灵，"共目共见"而载入灵异的记录。他感慨潮音大师的法号竟然与"潮音洞"三字相同，把潮音比作观音大士昭示来建普陀寺的"如来真子"。

潮音圆寂后，蓝理根据普陀寺僧众提议，恳请明忘继席普陀寺住持。明忘上堂说法："大道绝中边，了无去来之迹。至真离向背，那有僧俗之分？所以蓝（蓝理）大护法，不忘灵山咐嘱，辅我先师转大法轮于瓦砾场中，土块皆作狮子吼；建宝王刹于荆榛丛里，樗材尽作旃檀香。"赞扬蓝理不忘皇帝重托，帮助潮音在废墟中修建大殿，重塑佛像的功绩。明忘继任后，完善潮音制订的寺院规制，完成寺院未尽的事项，称其为"一念无私，廓如太虚"。

康熙年间，普陀山有两大寺：一个是普陀寺，后称普济禅寺，又称前寺；另一个是镇海禅寺，后称法雨寺，又称后寺。

镇海寺于明万历八年（1580），由蜀僧大智首创于千步沙之北。

大智（1524—1592），名真融，湖北麻城人。15岁出家，潜心教典。明嘉靖二十七年（1548），居燕京（北京）崇国寺，同众学《法华经》。万历二年（1574）至鏊华山，夷石伐木。经过两年，建成金莲庵，造千佛阁，昼夜课诵不断。八年（1580），渡海到普陀山，结庐于岩洞，坐地草堆上，以野菜充饥，每日诵读《金刚经》。

开始少有人知道大智，后来因他的品德和佛行渐被人传为美德，僧人和善男信女慕名而来，洞穴若市。于是，大智在光熙峰下建造茅屋数间，题名"海潮庵"（今法雨寺）。

关于大智庵选址，《普陀洛迦新志·灵异》篇中记载：明万历八年，大智禅师见普陀山光熙峰下山林幽胜。面对潮音、梵音二洞，究竟选在

民国普济寺鼓楼

何处，举棋不定。于是，他在千步沙旁的光熙峰山麓祈祷观音菩萨："如果此地适宜于供奉您的香火，请给我昭示。"夜晚，大智正在念经，却见千步沙滩头，浪潮把一竹根推涌上来。大智见此，想到"大根，即喻香火之根本也，这是观音大士昭示我在此兴香火"。于是，就在光熙峰下结楼数楹，题名"海潮庵"。万历二十二年（1594），增建殿宇，规模壮丽。郡守吴安国就将海潮庵改为镇海寺。

明代中叶，普陀禅宗不振时，大智住山倡导律义。他戒德精严，与当时的高僧去栖、憨山、紫柏等并称诸方峥嵘。二十五年（1597）五月三日，自知将寂，对众僧说："寺院后当遭火……百年后，吾再来重新。"跌坐而逝，

世寿69岁，僧腊50年。

万历三十四年（1606），北向光熙峰麓增建殿楼，赐额"护国永寿镇海禅寺"。至万历末，寺有"十丈杰阁，亭亭逼霄汉，而近金碧璀璨，为一山冠"。焚于四十年（1612），旋又复建。后遭荷兰人与盗贼抢劫，殿毁佛空，瓦砾成堆。

康熙二十三年（1684），海禁解除。舟山总兵黄大来请鄞县明益任镇海禅寺住持。明益带领僧众铲除荒草，建造门庭。二十六年春，他让位给同门僧自求福禅师。不久，地方官又请明益当住持，他又推荐别庵性统为住持。

别庵（1661—1717），名性统，俗姓龙，四川高梁人，十二岁高峰寺出家。临济宗大慧宗杲十七世孙。康熙二十四年（1685），继席高峰。第二年，到明州（宁波）天童寺求法。二十六年（1687），受提督陈伯赞、兵科屠蒙芝岩及原住持明益之请，住持普陀山镇海寺。

大智真融逝世时曾说，寺将毁于火，一百年以后我将来重建。大智逝世于万历二十年（1592），到了康熙三十年（1691），别庵性统偶然中发现了从大智逝世之年正好一百年的记载。别庵性统似乎就是百年前大智弥留之际所说的，"百年后，我再来重建"的"大智"转世人物。别庵性统为后寺的重建作了尽善尽美、空前绝后的贡献。"十余年间，八番陛见康熙，九次向康熙进诗，敷陈称旨，朝野敬服。"别庵性统任法雨寺住持时，

民国法雨寺牌楼及天王殿

改明万历年来佛教律宗为禅宗，被称为后寺禅宗第一代祖师。

别庵性统与僧众一起除草结茅，持律说戒。康熙三十七年（1698），先后建成藏经阁、东禅堂、官厅、厢房、印寮、斋食、教诫二楼、方丈、圆通、天王、大雄宝殿、留云堂、水月楼、松风阁、雨化楼等殿堂楼阁，规模宏丽。当法雨寺主殿重建完成之时，蓝理亲自撰写了《重兴普陀法雨寺圆通殿疏》，全文如下：

余素不佞佛，亦未尝谤佛，盖为出世入世，其道不谋故耳。迄今春余奉命南下，历齐鲁吴越，顺道登泰岳、金山诸名胜，窃叹宇内山川，居形势之最上者，悉为寺观占尽。且琼宫玉砌，珠络金装，极人世之观瞻而莫尚。嘻！何其感人之深，能令舍金若恒河沙，以成瑰丽若是耶；又岂出世入世，其道果不相谋也；余今知之矣。夫之出世者，虽脱缰锁于利名，高旷独善，不知祝升平而忭丰稔，俾国祚绵长，士民干止，又无不与人世之婆心等耳。因于季夏袚斋戒礼普陀，见古木森森，势尽虬龙状。唯前后二寺，殿阁灰烬，只余瓦砾，近构数楹，而昔之巍峨轮奂者，已不可复睹。嗟嗟！梵音阒寂，难闻花雨重垂；狮众欹颓，孰驾法王再现。所幸九重赐帑，并宣温蔼纶音，有"朕不难独建，正欲为天下臣民共种福田"之旨。则率土臣民，自必仰承至意，乐输恐后矣。第经营伊始，布告未周，借有一二信心，刱为捐助，其如千金之裘，非一腋之所能成，而百石之钟，又岂数文之所可铸也。今别庵和尚，学通三昧，道彻六如，来自蜀中，力谋重建，欲缵大智尊宿之芳规，用是芒鞋踏破，不辞宿雾餐风；莲钵擎穿，无吝喉干舌敝。余知道愿既坚，法缘自广，行看后寺圆通宝殿，鳞鳞鸳瓦，耸冲汉之雕甍；屹屹鳌簷，驾连云之彩栋。珠缨同绛刹以齐辉，金壁映青猊而吐艳矣。唯冀宰官士庶，稍节一夕之华筵，便成千秋之胜事。即或片瓦只椽，为数无几，而积小实可成大。寸钉块石，作缘似寡而易举，良由众擎。余更思海内名刹，如前之所述者，不下数百千。夫居一方之胜，尚能竭一方之力，以极其巍焕；况普陀为四大

民国法雨寺大殿外景祭台

名山之最,大士现身说法之场,登其地者,恍入方丈、蓬莱,尘念顿却。固有数千里瞻拜者,不可胜计。际兹灰劫重新,圣明首助,而天下贤士大夫,犹以出世入世,为道不相谋,固守身外物,坚囊永结,余未之信也。缘走笔为疏,敬告四方,不识亦以余言为当否。

法雨禅寺圆通大殿完工,蓝理欣然写了此疏以为记。文中讲述了普陀山前后两寺废弃之惨状,写道:"唯前后二寺,殿阁灰烬,只余瓦砾,近构数楹,而昔之巍峨轮奂者,已不可复睹。"记述了由于康熙重视"所幸九重赐帑,并宣温蔼纶音,有'朕不难独建,正欲为天下臣民共种福田'之旨",才有法雨寺"圆通宝殿,鳞鳞鸳瓦,笔冲汉之雕甍;屹屹鳌簪,驾连云之彩栋。珠缨同绛刹以齐辉,金壁映青猊而吐艳矣"。

三十八年(1699)四月,康熙再次南巡,驻跸杭州,普陀禅寺住持明志与镇海禅寺住持别庵性统赴杭迎驾。

据记载,当时正值江南各地烈日炎炎,久旱无雨。正当康熙接见普陀寺住持明志和镇海寺住持别庵性统之时,乌云翻滚,大雨降临,立刻浑身凉爽。见此,康熙皇帝大喜,当即挥毫御题"天花法雨""普济群灵"等额;临米芾单条一幅赐普济寺住持明志;御书"修持净业"之额、临米芾单条一幅赐法雨寺住持别庵性统。后又御书"大圆通殿""宣布闻声""狮子窟""寿峰""旃檀林"等,足见这位清代明君对普陀山宠爱有加。

康熙赐"普济群灵"额,普陀寺改名"普济禅寺",亦称前寺。定海知县缪燧精制"普济群灵"匾额护送到普陀山,此额如今悬挂在普济寺大圆通主殿正中梁上。同时,康熙还御赐普济寺自在观世音一尊、银制吉庆阿哥一尊、宝印一颗、渗金佛三尊、《金刚经》一部、《佛塔心经》《金字心经》各一部。御书"潮音洞""皓月禅心"匾额,"潮音洞"三字镌刻在潮音洞上方,今犹存。

康熙御书"天花法雨"额,镇海寺更名为"法雨禅寺",亦称后寺。是年秋,安奉"天花法雨"额于前大殿;御书"修持净业"额,悬于方丈室。并建御碑亭,勒御制米芾诗帖于石。

康熙御赐"潮音洞"额

康熙得知普济寺与法雨寺在蓝理和两大住持潮音、别庵性统努力下,已初具规制,甚为高兴。康熙再次遣使赉金千两,并传旨:"山中未完之工,住持须竭力图成,勿辜上意遂。"朝廷还"发金陵城内琉璃瓦一十二万张,盖两寺主殿"。

至于康熙赐名法雨寺的原因,想来这位皇帝是引用《圣教序》中"注法雨于东陲"之句。普陀山位于大清版图的东陲,前寺既赐名为普济众生的普济寺,后寺为润泽万物的法雨寺,也就顺理成章。

这一年,康熙还下诏拆南京明故宫一座九龙殿,按原状搬迁到法雨寺。《普陀洛迦新志》载:"大圆通殿,七间,十五架。高六丈五尺六,广十二丈七尺,纵八丈二。上盖九龙盘栱及黄瓦。故又呼'九龙殿'。"

九龙殿是明朝皇帝处理国家事务的地方,象征着权力。康熙把它移建于普陀山,从文化层面看,康熙不免受到梁代皇帝舍身事佛故事的影响,认识到皇帝的身家国家均可寄托佛家,还有什么东西舍不得呢?康熙千里迢迢拆九龙宝殿安放在法雨寺,就是想要自己的统治如法雨普施,万物沾足,百姓感恩戴德。同时,可以弥补自己不能亲上普陀山的遗憾。因此,足以看出康

原法雨寺南朝齐梁一佛二菩萨造像

熙对于佛心的痴迷，对普陀山的青睐。

康熙二次赐帑金，加快了普陀山重建的步伐。但是，单靠皇帝的帑金还不能满足重建普陀山两大寺所需的资金。蓝理带头捐俸禄，从福建运来大批杉木良材建造寺院。他动员绅士信众，有钱出钱，有力出力，共建佛地。当时迁入岛内人少，为了解决劳力问题，蓝理动用三营官兵轮番参加了寺庙的修建。十余年间，蓝理自己身体力行，不辞辛劳往返于定海与普陀山之间。康熙在《补陀洛迦山普济寺碑记》中载："复发帑金，重修寺宇。务俾殿堂庑廊，丹碧华烨，梵燎焕美。而一木一石悉出公家，一夫一役不烦民力。"当时定海百废待兴，在知县缪燧亲自带领下，各地都在修建房屋，修筑海塘，本身劳力就紧张。这样推测，修复普陀山的主要劳力还是靠蓝理手下的左、中、右三营官兵。同时，蓝理也锻炼出了一批能干且受僧众们欢迎的将士。例如他的部下沈良锡，几十年如一日，任劳任怨。

沈良锡，字之冕，镇海人，官定海把总。蓝理派沈良锡带领士兵看护修建普陀山，前后居守十多年。刚建寺时要筹谋规划，沈良锡出力最多。他为人公私分明，僧众都与他友好合作，并且非常信任他。普陀山多礁石，船在海上航行常有险情发生。沈良锡就在短姑道头高悬一灯，整夜照亮，数十里外都能见到，往来船舶喜称"佛灯"。蓝理觉得良锡做事诚恳，为人厚道，专为僧众考虑，又不辞劳苦，一直没有更换他。蓝理重用了这些良将，辅佐他完成了普陀山重建大业。

在修建前后两大寺的同时,潮音与别庵两大住持在蓝理的总领下又先后集资修建或新建山上众多庵堂。王连胜主编的《普陀洛迦山志》记载:"康熙三十七年山上有166庵,至四十四年达190庵。其中明末103庵,除良恩院、大慈庵、真歇庵、盼鹤庵、秀峰院、聚沙庵、圆悟庵、灵鹫庵、普珠庵、毗卢庵、总静室、韦驮殿、海云庵、净圣庵、法华庵15个庵废弃外,余88庵皆修复或重建,并新增102庵。"这些寺庙的修复和重建,使普陀山观音道场在定海展复中崛起,在一度沉寂的废状中复兴,延续了观音道场的香火,重树"震旦第一佛国""人间第一清净地"的显赫地位。此时,被称为普陀山中兴时期。

在此期间,蓝理又先后主持修复积善庵,重建知度庵,复建报本堂,大修清凉庵,并为这些庵堂题额。

积善庵为明朝时僧性宝建,普镜修。康熙年间积善庵迁至普济寺旁,新修增辟廊庑,为普济寺副寺。竣工时,潮音大师请蓝理题写"积善庵"匾额。

智度庵在大智塔右,僧如心建,元吉重建。元常执事前后两寺,退后居智度庵。智度庵幽静清雅,蓝理为智度庵方丈室题"寄静"额。

报本堂在洪筏堂边上,即西天门的献祖祠,清代普济寺住持潮音将它改建并派僧居住。蓝理为其题额"四世中兴",即自普贤、历本空、寂庵至潮音,凡四世。

清凉庵在小茶山内,明万历间僧真满建。八世孙通溟同孙源长重修。通溟大师多次出访海内名宿,归隐庵中。增葺故宇,事必躬亲,

民国普陀山码头岸边灯塔

德行远播。普济寺春秋二戒期,屡请为羯磨。蓝理为清凉庵题"木石居"。

蓝理还为大观庵题"僧心韬居此"额,大观庵由普济寺住持潮音创建。大观庵因在南天门,又称南天门庵。

积善堂

编撰山志　传承文脉

康熙三十七年(1698),蓝理聘请慈溪国子生裘琏编撰普济寺与法雨寺志书。裘琏字殷玉,擅长诗文,自述为描写山上每一个景点,他都"一丘一壑,必经亲履"。裘琏亲自考察过普陀山大小寺庙,走遍普陀山的名胜古迹,走访了僧众与百姓。

裘琏为法雨寺撰写《南海普陀山志》。卷目:一山图、志例;二星野、形胜;三梵刹;四建置;五灵异、赞颂;六法统、释系;七颁赐、古迹、流寓;八精蓝;九法产、方物;十事略;十一至十四历朝及国朝艺文诗咏;十五僧诗偈。第二年稿成即刊行。

裘琏为普济寺撰写《普陀山志》。三十八年(1699),稿成。四十四年(1705),普济寺又请昆山朱谨、长洲陈璇增删。礼部侍郎高士奇、翰林院编修姜宸英、定海总兵蓝理等鉴定,康熙四十四年刊行。增加的内容有康熙帝三十八年南巡,诏令续建普陀山寺事。卷目:一宸翰、志序、山图、志例;二星野、形胜;三梵刹、建置;四经证;五灵感、示现;六法统、禅德;七朝典;八颁赐、古迹、流寓;九精蓝、方物;十法产、事略;十一历朝艺文;十二国朝艺文;十三历朝诗;十四国朝诗;十五僧诗偈。卷首另加普济、法雨两寺及"普陀十二景"示意图。都宪王鸿绪、总兵蓝理、施世骠作序，知县缪燧例言。《四库全书》存目。

康熙四十年（1701），蓝理为《普陀山志》作序，序文：

洛迦，海外名山也，为普门大士亲选道场。自梁迄今千数百年，其间兴废屡矣，莫盛于南宋、有元及明万历。以余观之，其废也，莫不有由；其兴也，莫不有自。主圣臣贤，绩熙务举，于是海宇清晏，民物康阜。则间以其暇，新梵宫而究竺典。此亦上下和平，优游无事之一证也。而不然者，寇盗充斥，家室愁咨，乖风沴气，鼓扇尘寰。则虽有佛教，且无所施，此古今之大较矣。补陀旧寺，遭故明之末鲸氛俶扰，岛屿雾迷。先皇帝赫焉震怒，而廓清之。未几，转徙内地。于是朱宫绀阙，荡为冷烟寒风者，且二十年。我皇上文德覃被，圣武布昭。土宇版章，尽域中而截海外，响者棘虚之地，莫不含哺击壤于其中。二十八年，翠华南幸。因故元戎黄公乘间奏地方事宜，遂遣员赐帑，再造梵宇。而普陀、镇海，玉毫重现矣。明年，黄公以疾没于官，余叨奉特简，自宣移镇兹土。凡黄公未竟之绪，余遂不获辞。于是宣一人之

康有为书"海山第一"碑

盛德，鼎三宝之巍宫。惟巨惟细，悉理悉张。龙象满山，鼓钟震谷，莫不庆海不扬波，而祝天子万寿也。猗欤盛哉！余既乐观其成，岁时期汛，简徒扬帆，登临其上，辄为吾民加额升平。而且觉苞桑彻土，一无所施也。戊寅中秋，山僧以志事来，请余为之代延名士，铺张扬厉，鼓吹休明。己卯春，六龙复南狩。两寺主僧，迎銮谢恩，荷天颜喜悦，温旨从容，随颁御额，再赐帑金。且遣中使登山，给运黄瓦，敕住持速完未竣之工。赐命重三，诚为异数。维时《志》虽成而尚未梓也。于是补辑成编，丐言弁首，余何言哉？旋

转乾坤，救宁宇宙者，圣天子德也；黼黻鸿猷，翼赞盛化者，贤宰相百执事力也。阐扬道声慈味，俾上觉慈尊，潜孚默佑于冥冥中者，诸上人职也。余何言矣哉？披览志文，彬彬郁郁，大雅不群，世不乏知言者。而余或受知人之名，则余所窃幸者尔，是为序。康熙辛巳岁仲春。

蓝理在序中记述了康熙为普陀山赐金题匾和普陀山兴衰史，黄大来为修复普陀山所做的努力以及两大寺住持"迎銮谢恩"事例，对普陀山寺院在短短十余年间殿宇恢弘，感叹"余所窃幸者尔"。

历史上关于普陀山的记载，最早见于南宋乾道《四明图经》、宝庆《四明志》、元大德《昌国州图志》等志书中。在这些记载中，对普陀山只作扼要的记述。普陀山山志的编撰，始于元至正盛熙明编《补陀洛迦山传》四品三附录；明万历十七年（1589），侯继高辑成《补陀山志》八卷，由屠隆删改定稿；三十五年（1607），周应宾编《重修普陀山志》五卷；崇祯十一年（1638），张岱游普陀归，编写《补陀志》，萧伯玉序，没有刊印，佚失。清之前的普陀山志虽有，但法雨寺是明万历八年（1580）初创，与周应宾编《重修普陀山志》只距二十七年，所以内容比较少。

蓝理请裘琏编撰两部山志，将中兴时期普陀山区域范围内自然和社会诸方面的历史和现状进行综合性著述，其翔实可靠的图例和地情史料，起到"资治、教化、存史"的作用，成为普陀山"一方之全史"。此后，清乾隆《普陀山志》、道光《普陀山志》以及此后出版的《普陀山志书》都大量引用了清康熙年间出版的山志内容。

由于山志是蓝理出面请剧作家、方志学者裘琏撰写，又有潮音通旭、别庵性统亲自参与，故康熙年间出版的两部山志既是官书，又是正史，为后人留下了极其可信的史料。

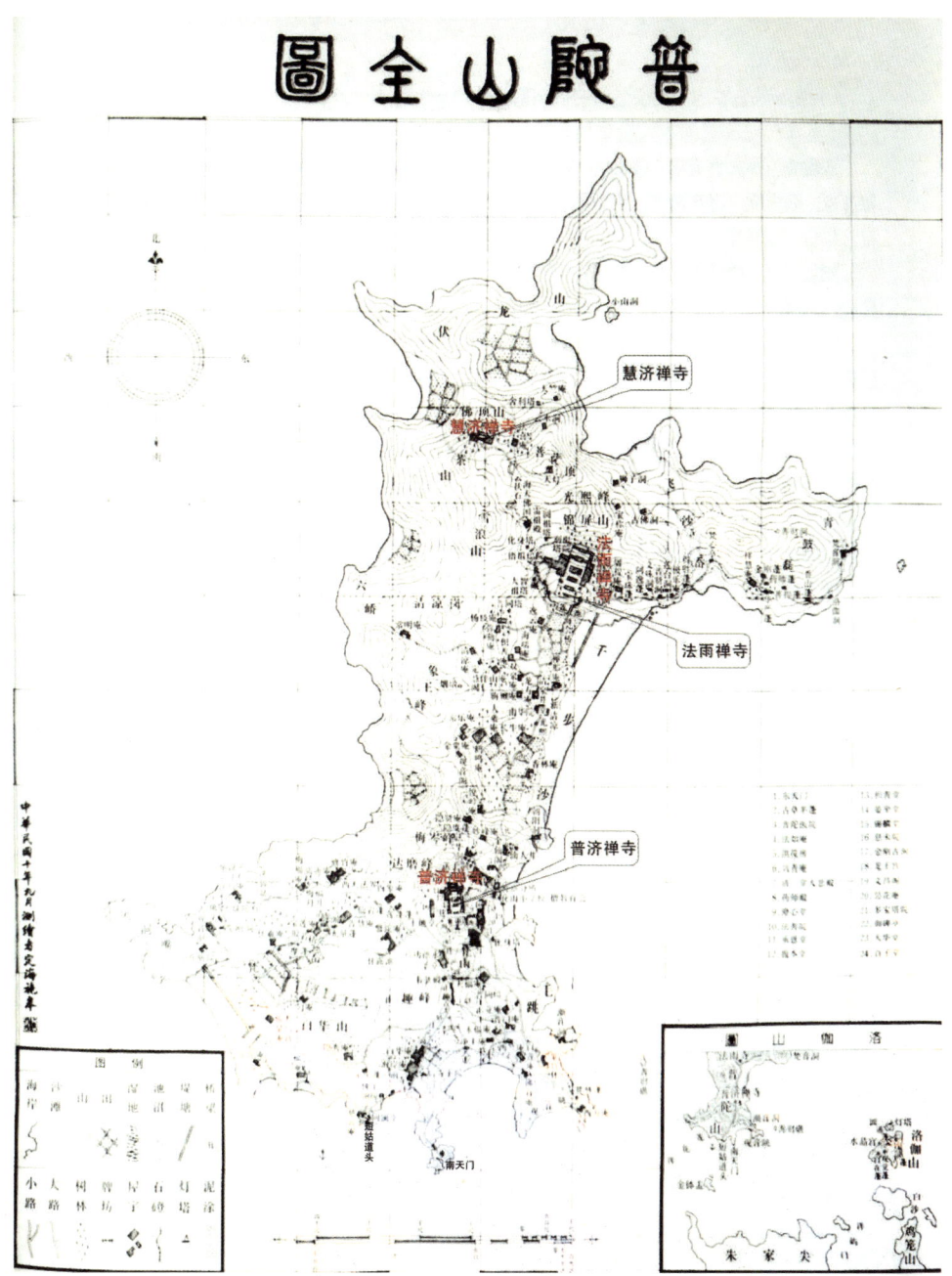

《普陀山全图》由定海施皋测绘于1920年10月

殿宇轮奂　史载护法

由于得到了朝廷强有力的支持，总兵蓝理将一山事务、兴建殿宇诸事皆指挥调停妥当，使普陀山开始进入了第二个中兴时期，甚至可以说达到了发展的巅峰期。

康熙二十九年（1690），蓝理进山掌管普陀山事项，当时潮音为普陀寺住持，别庵性统为镇海寺住持。到四十二年（1703），普济、法雨两寺在原址上规模宏敞。

裘琏撰《普陀山志》卷三《梵刹》，对康熙年间普济寺复兴时所建殿宇是这样记载的：

二十三年，海宇荡平，澎湖台湾尽入版图，大弛海禁，寺僧复归故业。

二十八年春，翠华南幸，总戎黄公大来启奏名山废坠状。遂赐帑金千两，遣使三员，重建大圆通殿。总戎黄公捐俸建藏经殿。

二十九年七月，总戎蓝公理同远近绅士，公请天童四世孙潮音旭通禅师为住持，宏开法堂，兴衰起敝。于是，宗风重振。是年庚午冬，建道头下院于旧址。明宗伯学士董其昌额曰："大寺茶庵"，今仍其名。

三十年辛未，建四天王殿。冬建宝珠轩、翠竹轩。

三十一年壬申，新建钟鼓二楼。冬建

民国普济寺前定香阁

先觉堂于藏殿之右,建土地祠于旧址。

三十二年癸酉冬十二月,建大圆通殿。建蓝公生祠。蓝公自镇兹土,上礼圣朝赐帑重兴之意,殚心护持,摧邪辅正,为山门第一护法。

三十三年甲戌春,建大香积厨、资有堂。冬建瑞日、庆云二楼。

三十四年乙亥,建道头显圣庵楼房,亦作下院。

三十五年丙子冬,建全彰堂,即大方丈。

三十六年丁丑春,建正趣亭,改建藏经阁。夏修景命殿暨左右厢楼。冬建土地祠后大囤房(共二进祠前房后);建南楼,又建茶庵于桃花山,作采茶济众之所。

三十七年戊寅春,建龙沙匠作楼、碾房,并荷花池小屋五间。冬建承统堂,并延寿堂、泥洹堂。

三十八年己卯四月,皇上南巡遣使赍帑金千两。传云:"山中未完之工,住持须竭力图成勿辜。"上意遂赐名"普济禅寺",是年秋安奉。御题"普济群灵"额于大圆通殿;"皓月禅心"额于景命殿;御书米芾帖勒石。

四十一年壬午冬,建万寿亭,又建朱家尖田庵于古青莲寺址。定镇守府张彪,捐资垦田为始。

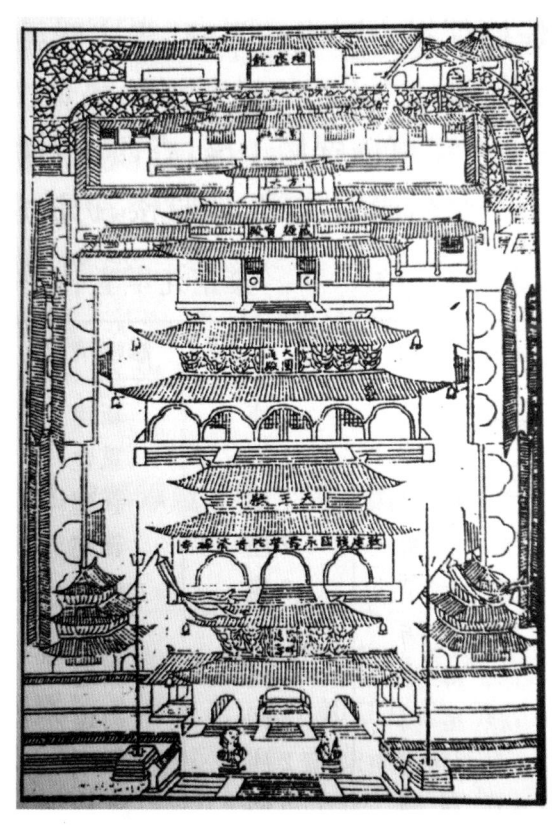

清康熙年间普济禅寺示意图

四十二年癸未冬,建福田庵于大干作田房。

《普陀山志》记载了康熙年间蓝理在普陀山护法时,普济寺重建和修建殿宇的数量及建造的年月。这些殿宇大部分都保存下来,并成为普济寺的主要建筑。王连胜主编的《普陀洛迦山志》整理如下:

普济寺殿宇情况 (1997年)

幢号	名称	间数	建筑结构	建筑面积 (m²)	建造年份	产权来源	备注
1	御碑亭	1	砖木	83.17	清雍正年间	祖传	
2	定香亭	1	砖木	53.13	清雍正年间	祖传	即八角水亭
3	御碑殿	3	砖木	179.98	清康熙四十年	祖传	
4	流通处	2	混合	40.23	1992年	新建	
5	东山门	1	砖木	17.08	清康熙年间	祖传	
6	法物流通处	6	混合	126.72	1987年	新建	
7	钟楼	5	砖木	199.07	清康熙三十一年	祖传	
8	堂斋	28	混合	1220.45	1987年	重建	
9	伽蓝殿	10	砖木	374.00	清康熙年间	祖传	
10	东二门	1	砖木	20.36	1989年	修建	
11	天王殿	5	砖木	421.98	清康熙三十一年	祖传	
12	西二门	1	砖木	20.32	1989年	修建	
13	西山门	1	砖木	17.08	清康熙年间	祖传	
14	西门值班室	3	混合	47.69	1993年	新建	
15	如意寮	10	砖木	188.16	清康熙三十一年	祖传	
16	东厢	6	砖木	133.32	明万历末	祖传	原积善堂
17	南厢	12	砖木	212.76	明万历末	祖传	原积善堂
18	西厢	6	砖木	109.68	明万历末	祖传	原积善堂
19	北厢	10	砖木	389.69	明万历末	祖传	原积善堂
20	鼓楼	5	砖木	195.23	清康熙三十一年	祖传	
21	祖堂	10	砖木	375.97	清康熙三十一年	祖传	

续表

幢号	名称	间数	建筑结构	建筑面积（m²）	建造年份	产权来源	备注
22	东厢	6	混合	126.73	1984年	祖传	原晏坐堂
23	西厢	6	砖木	134.94	清乾隆年间	祖传	原晏坐堂
24	北厢	10	砖木	400.12	清乾隆年间	祖传	原晏坐堂
25	南厢	6	混合	240.46	1997年	拆建	今报恩堂
26	西厢	32	混合	1142.66	1997年	拆建	今报恩堂
27	大殿	6	砖木	291.45	1997年	拆建	原报本堂
28	北厢	18	混合	552.55	1997年	拆建	原报本堂
29	东厢	26	混合	1189.64	1997年	拆建	原报本堂
30	西罗汉堂	6	砖木	218.63	清雍正九年	祖传	
31	普贤殿	3	砖木	124.42	清康熙年间	祖传	
32	大圆通殿	7	砖木	1061.18	清康熙三十二年	祖传	
33	文殊殿	3	砖木	124.12	清康熙年间	祖传	
34	东罗汉堂	6	砖木	218.68	清雍正九年	祖传	
35	香客餐厅	6	混合	269.11	1984年	修建	
36	禅堂香灯寮	2	混合	94.62	1984年	修建	
37	东禅堂	5	砖木	361.01	清康熙年间	祖传	
38	东厕所	3	混合	64.34	1984年	新建	
39	食油仓库	2	砖木	35.89	1992年	新建	
40	大厨房	28	混合	902.46	1998年	拆建	
41	东客堂	12	砖木	632.69	清康熙三十三年	祖传	
42	普门殿	5	砖木	224.28	清康熙三十五年	祖传	
43	法堂	10	砖木	968.90	清康熙三十六年	祖传	
44	地藏殿	5	砖木	239.25	清康熙三十一年	祖传	
45	西客堂	10	砖木	517.03	清康熙三十三年	祖传	
46	西后楼	15	混合	783.02	1997年	新建	
47	瞎子寮	12	混合	336.93	1997年	拆建	

续表

幢号	名称	间数	建筑结构	建筑面积（m²）	建造年份	产权来源	备注
48	宿舍	12	混合	355.77	1993年	拆建	
49	梅曙堂	10	砖木	388.93	清康熙三十年	祖传	
50	方丈殿	5	砖木	356.82	清康熙年间	祖传	
51	宿舍	10	砖木	410.37	清康熙三十年	祖传	
52	办公室	6	混合	150.81	1992年	拆建	
53	宿舍	18	砖木	473.64	1992年	拆建	
54	餐厅	10	混合	361.02	1989年	翻造	
55	小厨房	3	混合	78.40	1995年	拆建	
56	餐厅	6	混合	242.23	1989年	祖传	
57	卫生间	8	混合	269.80	1980年	修建	
58	功绩堂	10	砖木	537.12	民国四年	祖传	
59	宿舍	1	混合	15.26	1997年	祖传	
60	内坛	13	混合	400.46	1997年	翻造	
61	灵鹫楼	22	混合	1178.06	1988年	新建	
62	门房	2	砖木	20.67	1992年	新建	
63	花房	3	混合	65.74	1993年	新建	
64	配电房	3	混合	37.22	1992年	新建	
65	发电房	5	混合	90.56	1993年	新建	
66	宿舍	12	混合	373.78	1993年	新建	
67	锅炉房	17	混合	510.24	1992年	新建	
68	车库	15	混合	398.59	1992年	新建	
69	工棚	2	其他	38.22	1992年	新建	
70	工棚	4	其他	71.92	1992年	新建	
71	煤气仓库	3	混合	59.66	1992年	新建	
72	调度室	9	混合	228.13	1997年	新建	
合计		586		22794.60			

康熙年间建造的殿宇保留至今的有：御碑殿、东山门、钟楼、伽蓝殿、天王殿、西山门、如意寮、鼓楼、祖堂、普贤殿、大圆通殿、文殊殿、东禅堂、东客堂、普门殿、法堂、地藏殿、西客堂、梅曙堂、方丈殿、宿舍等建筑。历经300多年，这些殿宇仍保存完好，处处散发着浓浓的古典建筑之美。可见当年用材之考究，做工之精致。

1979年以来，普济寺又经不断修缮扩建，殿堂楼阁焕然一新，佛事兴盛，倍胜于昔，每天接待成千上万来自国内外的香游客。2013年3月，普济寺被公布为全国重点文物保护单位。

裘琏撰《南海普陀山志》卷三《梵刹》，对法雨寺历年重建殿宇的情况记载如下：

二十六年丁卯四月，提督陈公世凯同乡荐绅给谏屠公粹忠，公请别庵性统禅师为住持。剪榛棘，驱麋鹿，相原胥宇，殚力经营，而法苑重光焉。是年夏，建藏经阁、东禅堂、三圣堂、官厅、三生堂、厢房、印寮。

二十七年戊辰，建智食楼、教诫楼。

二十八年春，翠华南幸。总戎黄公大来启奏名山废坠状，遂赐帑金重建大殿。是年己巳，建正续堂，即大方丈。

二十九年庚午，建留云堂。

三十年辛未，建圆通殿、雨花楼、香积厨、鹤烟居。

三十一年壬申，建留衣堂、祖塔院、先觉楼。

三十二年癸酉，建大雄宝殿及蓝公祠。

三十三年甲戌，建西禅堂、安乐堂。

三十四年乙亥，建挹翠轩。

三十五年丙子，建左翼天章阁、芋香楼、列职寮、牧生寮。

三十六年丁丑，建右翼无隐轩、白华楼、水月楼、松风阁、移情室、舍利塔。

三十七年戊寅，建天王殿、雷音阁。

三十八年四月，皇上南巡遣使赍帑金，传旨云："山中未完之工住持须竭力图成，勿辜。"上意遂赐名"法雨禅寺"，是秋安奉。御题"天花法雨"额于前大殿，"修持净业"额于方丈，并建御碑亭勒御书米芾诗帖于石。

《南海普陀山志》记载，康熙二十六年（1687），提督陈世凯举荐别庵性统为法雨寺住持。康熙二十九年（1690），蓝理到普陀山护法，与住持别庵性统历经十余年"殚力经营，而法苑重光"，法雨寺成为普陀山第二大寺。王连胜主编的《普陀洛迦山志》整理如下页表：

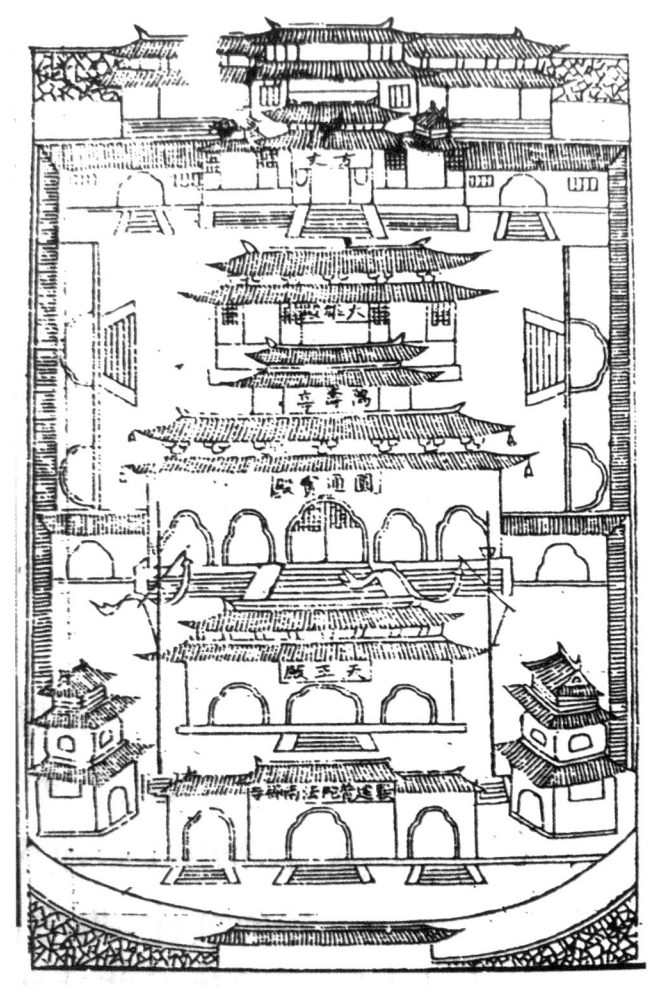

清康熙年间法雨寺示意图

法雨寺现存殿宇情况（1997年）

幢号	名称	间数	建筑结构	建筑面积（m²）	建造年份	产权来源
1	天后阁	6	砖木	245.00	清雍正九年	祖传
2	天王殿	5	砖木	384.78	清雍正三十七年	祖传
3	东山门	3	砖木	56.65	清康熙年间	祖传
4	伽蓝殿	3	砖木	66.26	清康熙三十二年	祖传
5	西山门	3	砖木	56.65	清康熙年间	祖传
6	蓝理殿	3	砖木	66.26	清康熙三十二年	祖传
7	鼓楼	2	砖木	111.04	清康熙年间	祖传
8	钟楼	2	砖木	111.04	清康熙年间	祖传
9	僧寮	12	混合	407.40	1992年	拆建
10	东厕所	4	混合	166.78	1997年	拆建
11	拜经楼	20	混合	941.02	1990年	重建
12	功德堂	20	砖木	1006.58	清康熙三十五年	祖传
13	玉佛殿	3	砖木	195.92	清康熙三十六年	祖传
14	九龙殿	7	砖木	956.96	清康熙三十八年	祖传
15	华悦堂	20	砖木	1046.24	清康熙三十六年	祖传
16	西厕所	5	混合	178.03	1989年	修建
17	锅炉房	2	混合	91.70	1989年	新建
18	新一楼	24	混合	691.20	1997年	翻造
19	新一楼	20	混合	575.84	1988年	拆建
20	新二楼	36	混合	659.79	1989年	拆建
21	老客堂	14	砖木	541.74	清康熙年间	祖传

续表

幢号	名称	间数	建筑结构	建筑面积（m²）	建造年份	产权来源
22	御碑殿	3	砖木	129.27	清康熙四十四年	祖传
23	斋堂	14	砖木	558.29	1997年	修建
24	大伙房	3	混合	101.47	1984年	修建
25	如意寮	6	混合	303.80	1997年	修建
26	禅堂	5	砖木	454.00	清康熙二十六年	祖传
27	戒堂	8	砖木	295.93	清康熙三十六年	祖传
28	三圣殿	3	砖木	160.15	清康熙年间	祖传
29	大雄宝殿	5	砖木	654.16	清康熙三十二年	祖传
30	关帝殿	3	砖木	161.29	清康熙年间	祖传
31	客堂	5	砖木	259.41	清雍正年间	祖传
32	新客堂	15	砖木	566.62	清康熙三十年	祖传
33	小厨房	12	混合	349.09	1993年	拆建
34	库房餐厅	14	砖木	525.32	清康熙二十七年	祖传
35	库房	9	砖木	332.66	清康熙年间	祖传
36	厕所	2	混合	31.80	1990年	修建
37	班首寮	13	砖木	450.97	清康熙三十六年	祖传
38	新法堂	6	砖木	367.14	清康熙二十八年	祖传
39	方丈殿	16	砖木	707.73	清康熙二十六年	祖传
40	祖堂	10	砖木	603.16	清康熙三十一年	祖传
41	仓库	2	混合	54.82	1995年	新建
42	仓库	3	混合	35.59	1995年	新建
43	流通处	9	混合	261.80	1995年	新建
44	配电房	2	混合	35.00	1987年	新建
合计		382		15956.35		

从上表看出，1997年登记的法雨寺382间殿宇中，康熙年间祖传的就有190间，尽占半数；全寺建筑面积15956.35平方米，康熙年间祖传的有9623.83平方米，占总建筑面积的60%。其中主要大殿如九龙殿、大雄宝殿、伽蓝殿、玉佛殿、御碑殿、钟鼓楼等均是康熙年间造的。事隔300多年，这些殿宇仍保存完好，成为中国佛教寺院建筑史上的精品。尤其是"九龙殿"，与"多宝塔""杨枝观音碑"并称为"普陀山三宝"。2006年5月，法雨寺被公布为全国重点文物保护单位。

康熙四十二年（1703）二月，康熙第四次南巡到杭州。康熙旨令伶卫翁峨立、都统官保、中官首领王璋，由定海总兵施世骠陪同赴普陀山进香。事毕，法雨寺住持别庵性统和海安（康熙三十九年任普济寺监院）一同赴杭州，当面向康熙谢恩。康熙又命他们随驾到苏州。康熙在御舟上询问普陀山海上风光和地方官吏护持佛教名山等事宜。海安将定海总兵蓝理竭尽护法，普济寺住持潮音通旭、绎堂和法雨寺住持别庵性统全力建寺过程一一奏答，康熙给以高度赞扬。途中正值天下大雨，康熙即命别庵性统赋《苏台雨景》诗。性统当即口占成句，康熙看后大加赞扬，马上手书该诗赐给别庵性统。又御书"振宗禅寺""妙光""圣因"额赐别庵性统，分挂普陀、治平、径山接待等处。还御书"添寿"二字，赐别庵性统母亲。

次日，传旨普陀山僧进见。海安呈上潮音通旭禅师历年祝圣语录，并奏请"大圆通殿"等处的题额。

康熙问："通旭是已过住持么？"

别庵性统回奏："通旭与臣僧同为普陀山开山僧。三十八年与臣僧同迎圣驾的明忞，就是他的弟子……一山事务，兴建殿宇，都是通旭的功劳。"康熙听后，欣然命笔，书额。

康熙御赐普济寺住持绎堂《心经》一卷，帑金二百两，又书"大圆通殿""狮子窟""寿峰"三额。御书"狮子窟"之额悬挂普济寺方丈殿，至今仿制

普济寺方丈殿康熙御书"狮子窟"额

真迹仍挂在方丈殿。狮子是百兽之王,佛教中把狮子比为领袖。佛说法,可说成"狮子吼"。方丈是代佛说法者,一寺的领袖,也就成了狮子。方丈殿是住持居住处,等于是狮子的洞窟了。

海安复进新建普济寺平面图。当康熙问及万寿亭时,海安奏道:"万寿亭系蓝(理)总兵为祝延圣寿,同高(士奇)宗伯、施(世骠)总兵、缪(燧)县官、臣僧等鼎建。"万寿亭即万寿殿,康熙四十一年(1702)由蓝理主持新建,第二年完成。海安、别庵性统等请康熙为万寿亭御书碑文,康熙就命太监把普济寺及万寿亭图呈送东宫皇太子。

在康熙与普陀山僧的所有交往中,唯有这一次,他自己不直接处理,而"命太监……呈送东宫皇太子"。因为"万寿亭"是祝福康熙"万寿"无疆之亭,所以让皇太子撰写。

第二天,御驾北行。别庵性统与海安等送驾至苏州浒墅关口,康熙传旨:"御制宸翰,进京来领。"

康熙四十四年(1705)三月,法雨寺住持别庵性统上京领"御制宸翰"。御制的碑文,到了普陀山被称为"清康熙普济寺御碑",其碑文:

稽考梵书补陀罗迦山有三,一居厄纳忒里,一居忒白忒,一居南海,即是山也。本山志书未得其详。当年海寇猖狂,凡禁海之外寺宇梵刹,皆为灰烬。自康熙二十二年荡平台湾,海波永息,故游方衲子,因旧基址,斩蓬蒿,刈黎藿,而更新焉。朕时巡浙西,特遣专官虔修净供,敬书题额,永镇山门。复发帑金重修寺宇,务俾殿堂庑廡,丹碧华烨,棼橑焕美,而一木一石悉出公家，一夫一役不烦民力。上为慈闱延禧，下为苍生锡祉也。朕自弱龄诵读经史，以修齐治平为本，未暇览金经贝叶空寂泡影之文，所以不能窥其堂奥而言之。元者，善之长也；佛者，以善为本。推而广之，大约无二。上天好生，化育万汇；大士慈悲，度尽众生，亦无二也。朕求治勤民四十余载矣。今者兵革已销，而民生未臻康阜；梗顽虽化，而民情未尽淳良。皆由水旱靡常，丰歉各异，此朕寤寐孳孳不能释也。以大士之力，庶几慈云法雨，甘露祥风，使岁稔人安，万姓仁寿，则普济之鸿功，即时雍之上理，是朕之心也。夫爰书翰简，勒诸穹碑，垂示无尽云。康熙四十三年岁次甲申嘉平月上旬书

康熙在这篇碑文中重点提及三件事：一是自己费心

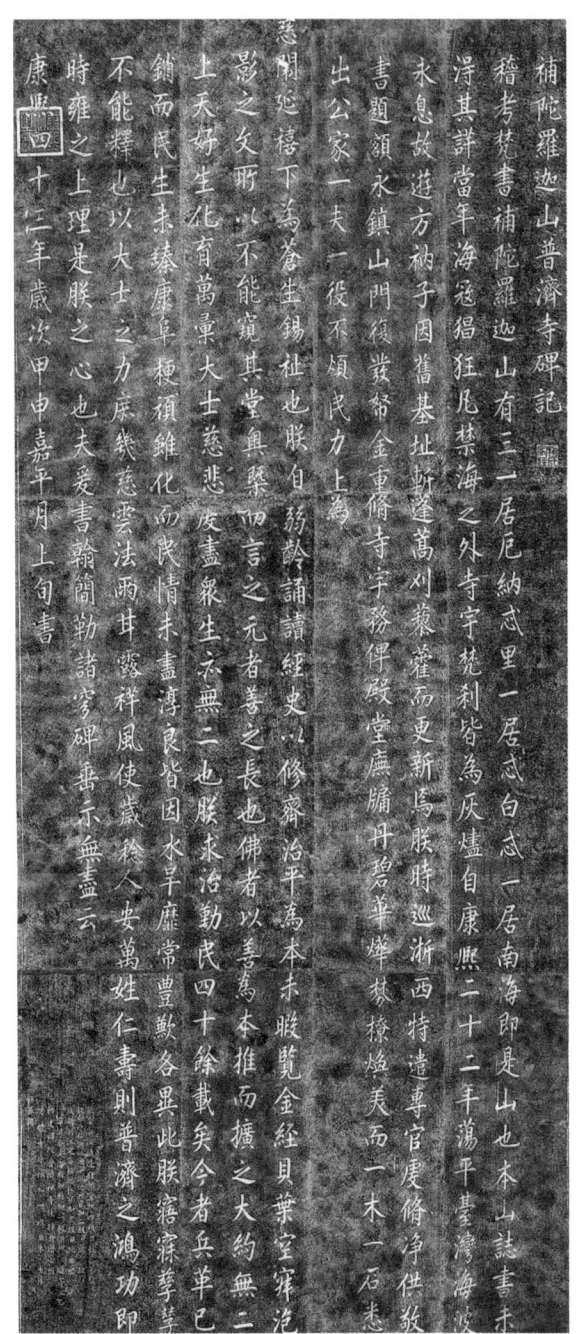

康熙御赐《补陀罗迦山普济寺碑记》

重建普济寺的经过；二是自己以修齐治平为本，操劳四十多年而民生还是有不少问题；三是希望观音大士以慈云法雨、甘露祥风助大清王朝稳定繁荣。一个帝王对普陀山有如此的拳拳之心，一定会深刻影响他的群臣。江南命官多次陪同康熙南巡，承办了康熙涉及普陀山的所有事务。蓝理更是全身心地投入，将重建普陀山的事作为执政的主要任务来完成。

普济寺万寿御碑植于万寿殿中。碑由粉红色花岗岩凿成，高 2.88 米，宽 1.18 米，厚 0.2 米，底有赑屃顶负。康熙四十三年（1704），鸿胪寺序班朱圭奉敕镌碑。第二年，浙江织造敖福合装运到山。碑的落款："钦命浙江织造府部堂加四级臣敖福合监造，钦命原任浙江定海镇总兵官加二级臣蓝理，钦命浙江定海镇总兵官加三级臣施世骠，宁波府定海县知县加一级臣缪燧，勒建补陀普济禅寺住持臣僧心明等立石，鸿胪寺序班加一级臣朱圭奉敕恭镌。"

法雨寺圆通殿柱础

同年年底，康熙宸翰《御制南海补陀法雨寺碑文》，碑文如下：

盖闻圆通妙象，般若真源。开觉路于金绳大地，证菩提之慧；闻潮音于碧海恒沙，诵普度之声。绀殿维新，沧波永静。惟兹法雨寺者，南海普陀山大士之别院也。名山佛国，大海慈航。青嶂干霄，高逼梵天之上；洪涛浴日，祥开净土之场。一柱如擎，震旦指为名胜；三山可接，方舆记其神奇。值氛祲之震惊，致山川之阒寂。僧徒云散，佛宇灰飞。比者运值清宁，庆海波之不作；地连溟渤，望法界而知归。特颁内府之金，重建空王之宅。鸠工揆日，蔀屋不劳，庀材筑基，鼛鼓弗作。珠宫贝阙，涵圣水以无边；鳌柱鼍梁，觉迷津之可渡。坐青莲之宝像，圆满轮辉。艺紫竹于祇林，庄严毫相。瞻慈云之普照,赐法雨之嘉名。海若效灵,天吴护法。标霞高建,来万国之梯航,彼岸可登,作十方之津筏。藉其广大,上以祝圣母之遐龄;假此慈悲,下以赐群黎之多福。则栴檀香外,尽成仁寿之区;水月光中,悉是涵濡之泽。勒诸琬琰,昭示来兹。御笔,康熙四十三年冬十一月十五日书

法雨寺圆通殿前御路

与普济寺碑文有所不同的是,康熙在法雨寺碑文中主要表达了对观音菩萨的仰慕与皈依,并希望将自己的施政理国与观音赐福百姓结合起来,形成

民国法雨寺大殿

合力，同创仁德长寿的儒学之国。其中"珠宝宫阙，蕴涵朕无边之圣恩"一句，则是指将南京明代九龙殿拆到法雨寺的事情。

两篇碑文，表明康熙既是君临天下的皇帝，也是一位虔诚的信佛者。作为初入中原的皇帝，康熙深知通过文化认同去凝聚汉民族的心。作为同时接受了儒家、佛家思想的统治者，不但要关注天下苍生的疾苦，还希望观音菩萨普济天下，赐福百姓，普度众生到达彼岸，以此来护持大清帝国直至无尽之年。

护法弘禅　佛国存思

康熙四十二年（1703），蓝理调任天津总兵。临行前蓝理专程到普陀山，在他亲手重建"山当曲处皆藏寺，路遇穷时又遇僧"的佛国名山驻留了三天。他到普济寺、法雨寺等寺庙祭拜观音菩萨，与山僧信众一一道别。临别之际法雨寺住持别庵性统赠蓝理诗二首：

赠蓝义甫镇台

别庵性统

将星灿灿映舟城，制得鲸鲵海浪平。

万户依祈新政德，三军称范久威声。

麒麟绘像谁为首，蟒玉加身独自荣。

嘱受灵山应记忆，法门从此望垂情。

颂义甫蓝公总戎兰城除道德政

别庵性统

海市起峰烟，昌国城迁，荒芜古道历多年。彩诏天章来紫阙，大帅敷宣，门起石已联，金铁同坚。通衢那更草芊芊，安堵太平千万户，共乐尧天。

别庵性统把蓝理比作天上的将星，保卫着舟山海疆平安、社会稳定。他歌颂蓝理政德，褒扬军队为民办事威声远播。歌颂蓝理为定海的展复，筑就"金铁同坚"，百姓"共乐尧天"。

普陀山僧人及民众恳请蓝理留任未果，蓝理留下了盔甲和军刀以作留念。别庵性统将蓝理留下的盔甲与军刀供奉在法雨寺蓝公生祠（又称"留衣堂"）内。别庵性统为"留衣堂"撰《蓝公留衣堂跋》为记，全文如下：

大元侯蓝公，于庚午岁自宣化奉命移镇定海。甫下车，为国祝禧，旋登普陀。荆榛载道，瓦砾成邱，慨然有兴复之志。历任十有二年，殚心竭力，曲尽经营。殿成轮奂，阁耸云霄。即帑金颁由内府，寺额得之御赐。亦皆公持卫精忱所感召也。至于公之治定也，辟土地，浚河池，置馆通商，肃军安民，丰功伟业，阖邑咸称。今岁辛巳，诏驻天津。公至寺礼辞大士，徘徊持久，留衣一袭，以表不忘。昔韩文公问道灵山大颠禅师，留衣镇寺。后周濂溪睹留衣亭，有"不知大颠何似者，数书珍重更留衣"之句。公之勋名，大过韩文。山野道行，远逊大颠。蒙此殊贶，得不自愧？然睹物怀人，永镇千秋，窃所幸耳。因建留衣之堂，以示来兹云。

王连胜主编的《普陀山揽胜》记载："普济寺庆云楼西、法雨寺天王殿侧，康熙年间都建有蓝公祠，纪念为复兴普陀山作出贡献的舟山总兵蓝理，故又名'护法堂'。堂内塑有蓝理坐像，头戴铜盔，身著铁甲，浓眉大口，十分威武。"

蓝公祠原为蓝公生祠,始建于康熙三十二年(1693)。清慈溪姜宸英撰《普陀两寺蓝公生祠记》,其文如下:

佛法自汉入中国,其时可谓久,而其道日益广矣。夫惟其道广,则藉手于卫道者甚殷;其时久,则凡所历治乱盛衰,变迁兴废之状日多,而其需乎?人之卫之也,亦日亟。顾古今来,作释氏干城者,多矣。大都不过舍基址,施金钱而止。未有终始经营,弥缝缺失,难不辞而久不倦,如我元戎蓝公之于普陀二寺者也。方夫海禁乍弛,僧众初归,而道场梵刹俱未兴建时,则有故镇黄公,乘间力奏于今上皇帝之前,由是遣员赐帑,初地重光。然命甫下,而黄公旋殁于官。公来继镇,建牙翁洲。翁洲距补陀百里,潮汐往返,风涛叵测。公不以为劳,力任兹事。若宜革,若宜兴,若宜先,若宜后,若宜多,若宜寡,寺之主者,悉禀裁于公。公一以至诚大公处之。公之乡,多产巨木。公斥俸捐赀,浮海运木,分给两寺。置木之值,至数千缗,公一无所吝。然予谓此不足为公难。其调停两寺也,自有护法来,千百年间,未有如公者。明万历以前,止普济一寺。至后乃有法雨,然是时皆长老住持而已。展复来,别公以双径远孙,提督陈公敦请主席后寺,先入山者三年。公至普陀,喟曰:"改律为禅,后寺已然。洛迦名山,兹地又大士亲选道场,安可不延高行大德,阐宗风而登上乘者居之乎?"由是博咨广询,始得天童四世孙潮音和尚于旃檀。迎之上堂,公亲帅将佐拜之。潮公升座说法,闻者皈响。瞻仰两师,皆慧心定识,又其宗皆临济,无所淄渑。公乃集两庑僧徒,晓譬而戒勉

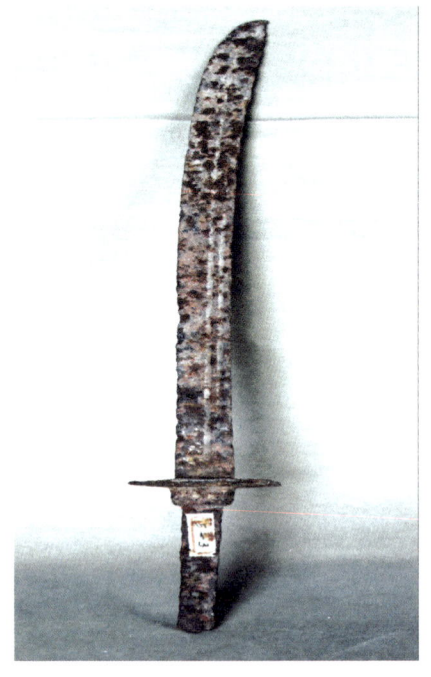

蓝理留下的军刀(藏普陀山佛教博物馆)

之,至诚披露,人人悦服。由是无论缁素,皆叹息。称自有护法来,未有如我公者。于是竞谋建公生祠,以尸祝俎,立于不朽。越明年,两寺告成,俱以宸英素辱公知,函书来京,丐为文以镌石。余曰:"公镇定十年,功德及吾宁者甚大。即不辱与公交,亦不得辞。"然予知公极审。于公遇前寺,知公之精微;于公遇后寺,知公之广大。呜呼!公待佛及僧如此,其忠君爱国,诚民恤兵,更宜何如哉!遂序其厚施舍,亟弥缝,彻终始,难不辞而久不倦者。如此,以复两寺之请。世之览者,既不以予为阿公,而公谅亦不以予言为河汉也夫!时康熙丁丑八月上浣,慈溪姜宸英顿首拜撰。

蓝理留下的头盔(藏普陀山佛教博物馆)

姜宸英记述了蓝理重建普陀山两大寺中"若宜革,若宜兴,若宜先,若宜后,若宜多,若宜寡,寺之主者,悉禀裁于公。公一以至诚大公处之"。蓝理事无巨细一一过问。还写道:"公之乡,多产巨木。公斥俸捐资,浮海运木,分给两寺。置木之值,至数千缗,公一无所吝然。"蓝理捐俸禄,从福建家乡购巨木,分给两大寺庙建造殿宇。僧侣民众"皆叹息,称自有护法来,未有如我公者","公待佛及僧如此,其忠君爱国,诚民恤兵,更宜何如哉!"赞扬他对佛对僧尽心尽责,毫无怨言;对国家、对百姓、对士兵更是如此,是一位忠诚良将,护法将军。所以,建"蓝公生祠"以感其恩德。

海天佛国　梵宇林立

蓝理虽然离开我们三百多年了，但蓝理重建的普陀山观音道场越来越好，名扬海内外。清乾隆年间，普陀山的主山佛顶山上又增建了慧济禅寺，成为普陀山三大寺之一。20世纪90年代始，南海观音、中国佛教学院普陀山学院、普陀山佛教博物馆、宝陀讲寺、万佛宝塔等又相继落成了，宝陀讲寺成为普陀山第四大寺院。中国佛教学院、普陀山佛教博物馆的扩建，促进了普陀山禅宗文化、寺庵文化和海洋文化的进一步融合发展，使观音道场享有"海天佛国，琉璃世界"的美誉，佛国圣境，妙华天然。如今普济、法雨两大禅寺规制更加宏大，仍是普陀山主要两大寺院。

普济禅寺正山门

普济禅寺依山而建，前低后高，檐牙高啄，气势崔巍。1979年以来，又经不断修建和扩建，建筑面积达23000余平方米，占地面积38000余平方米，殿堂楼阁、僧寮厅轩600余间。进深九重，廊庑环绕，琳宫合抱，甲于东南。

普济寺的中轴线共为七重。第一重正山门又称万寿御碑亭，宽16.7米，深10.2米，建筑面积180米，建于康熙四十三年（1704）。正中一联云："五朝恩赐无双地，四海尊崇第一山。"内竖距今400多年的万历御碑，300多年的康熙御碑。正山门平时关闭，只是在全山方丈升座、国家重要领导光临和有重要佛事等才开启。游客从东山门进入寺内，依次瞻仰。东西钟鼓二楼，四重挑檐，巍峨壮观。东侧钟楼内悬挂大铜钟，重7000余斤。西侧鼓楼有一直径1.5米大皮鼓。两者皆为珍贵文物。

第二重为天王殿，宽29米，深11米，建筑面积422平方米。殿中正面端坐弥勒佛，后立护法韦驮，两侧为四大天王。中有吴铁生所书柱联云："大肚能容，容天下难容之事；开口常笑，笑世间可笑之人。"

出天王殿是一片宽广的庭院，古木参天，宝炉紫烟。正中是第三重大圆通殿。为一座宽敞壮观的木结构建筑，重檐歇山顶，宽40米，深24.7米，殿内可容数千人而不觉拥挤，有"活大殿"之称。殿中供奉高8.8米的毗卢观音，其上悬挂康熙亲书"普济群灵"匾额。中间楹联为当代书法家凌近仁书，楹联云："楞严会上独选圆通，法华经中普门大悲，上求下化，契机方能契理；极乐莲花位继调御，婆婆秽土慈航倒驾，古往

普济寺山门东便门及钟楼

普济禅寺圆通殿院落

今来，成佛要在成人"。另有一联云："三十二应现身说法，普化群迷入智海；百千万劫悲智双运，度诸有情趣觉岸"。两边端坐观音"三十二应身"；或为龙钟古佛，或为长者居士，或为三首六臂，或为威武天神，乃观音道场所特有。

圆通殿两旁有文殊、普贤、地藏、普门四配殿。向上第四重为藏经楼，楼上存多部大藏经。楼下法堂，中供药师佛、释迦牟尼佛、阿弥陀佛坐像，称"三世佛"。

第五重为景命殿，即方丈殿。第六重为内坛。第七重灵鹫楼。四重建筑，各具特色。

普济寺内还有"一山一宁国师纪念堂"。一山一宁曾在元代任普济寺住持，后赍国书出使日本，被日皇赐谥"国师"，题其像赞曰："宋地万人杰，本朝一国师"。

客堂前悬挂青铜大云板一块，重 2400 余斤，系康熙三十九年（1700）住持僧潮音募铸。

普济寺后湾有真歇庵遗址，为本山禅宗第一代祖师真歇禅师修静处。山巅有观音峰，东麓凸起一岩，名无畏石，又称"空有境"；寺西山凹称"清静境"，又名"三摩地"；寺内尚有龙眼泉、菩萨井、菩提泉等古迹。寺后灵鹫峰下有葛洪井遗址。

普济寺青铜大云板

普济寺大圆通殿内康熙御书"普济群灵"额

　　法雨禅寺又称后寺。寺前古木参天。建有一座三门四柱石坊,坊上琉璃瓦、斗拱均采用花岗岩雕琢,上镌"海天佛国"四字。中柱联云:"宗传东震,广播禅风,开佛知于当念;律阐南山,严净毗尼,续慧命继未来。"过石牌坊,为莲池,中架海会桥,周围石栏。进入寺内,梵宇壮丽,布局整齐,规模宏大,气势磅礴,为东南巨刹。

　　法雨寺位于锦屏山下。背山岗起势,宏制巧构,殿宇六幢,以条石砌成台基,分层群递,显得雄大高远,气势超凡。

　　第一层为天王殿,殿前为一大院子,围墙前筑有九龙壁,九龙盘踞,巧夺天工。壁前甬道左右有经幢两座,一名尊胜幢,一名大悲幢,呈八角形,葫顶琉檐,龙盘螭护,上镌经文。墙东连天后阁,系原来入寺进口。

　　第二层为玉佛殿。殿前柱联云:"指万有而归一性;唱四德以显三伊。"东西钟、鼓楼,月台上有古柏一株,苍老劲健。西侧植罗汉松一棵,围粗3米多,颇为罕见。西壁上嵌有"重修法雨寺九龙殿并御碑亭记"碑,系光绪

法雨寺"天华法雨"为弘一法师题

十年（1884）法雨寺住持僧立三所书。

第三层圆通宝殿，即著名的"九龙殿"。殿前有古树十余株，其中两棵大银杏树高入霄汉。树围粗约三抱，树龄千年以上。东侧有龙凤柏，屈曲如虬螭，形状独特。台前石栏分别浮雕"二十四孝"图，为明代石雕阳刻。

九龙殿高22米，内顶为九龙盘拱藻井，外盖琉璃黄瓦，系康熙三十八年（1699），奉旨拆金陵明宫旧殿改建，规模宏伟，建筑精致。殿前柱联云："大海仗慈航，广渡一切众生破迷雾息黑风，意朗心开登觉岸；弥天施法雨，普润四方国土布嘉禾覆美树，鸟飞鱼跃乐和曦。"殿中供奉高6.6米的毗卢观音坐像，观音像顶上设九龙藻井，下檐斗拱为五踩双下昂重拱计心造，上檐斗拱为九踩单翘三下昂。两边为十八罗汉，背面为大型"海岛观音"和善财童子五十三参群像。

第四层御碑亭，殿宇5间，顶盖黄瓦，西侧楼屋下有门可通往佛顶山香道。

第五层大雄宝殿，殿前联云：

法雨寺圆通殿九龙藻井与观音像

"佛应西乾，八相成道，令三有同登觉岸；法流东土，九界咸归，摄万类共证真谛"。殿宇宏敞，内供三世如来佛像。左右有三圣、关帝两配殿。

第六层为全寺最高处，绀楼相连，中间旧为印光法师修静处，今改为"印光法师纪念堂"。堂前古柏成荫，树龄都在百年以上。旁有一座精致的珠宝观音殿，殿内观音像由赤金铸成，胸部嵌有一颗神奇珍珠，光华夺目。法雨寺整个建筑群呈现出樟庙合一的和谐景象。

鸟瞰法雨寺外景

2002年以来，普陀山相继获评中国最美十大海岛、全球优秀生态旅游景区、首批国家级重点风景名胜区、首批国家5A级旅游景区；2006年，成功举办了世界佛教论坛；2007年，普陀山观音文化节被评为"中国十大节庆活动"；2008年，观音传说被文化部列入国家级非物质文化遗产名录；2009年12月25日舟山跨海大桥通车后，来普陀山的香游客出现井喷，游人如织。普陀山已成为五大洲信众和游客向往的朝山览胜之地。

时光流逝，但人们对蓝理的恩德永远铭记在心。在1997年农历九月二十九日落成的南海观音大佛，其功德厅内有"蓝公护法"故事。

南海观音大佛

功德厅的东西墙挂有四幅雕刻精致的阳刻大型东阳木雕画,每幅长6米,高1.6米,画面栩栩如生地再现普陀山的四大传说,即"短姑古迹""二龟听法""飞沙填海""蓝公护法"。

"蓝公护法"大型雕刻壁画在功德厅东侧,画面生动形象地再现了"蓝

大型东阳木雕"蓝公护法"

理梵音洞亲见大士""妇人提篮会蓝理""邀潮音住持普济寺"等传说故事。左下方有"蓝公护法"介绍，内容是：

木雕"蓝公护法"局部，蓝理拜见观音

  定海总兵蓝理，福建漳浦人，力猛善战，帝赐"所向无前"匾。康熙二十九年调镇定海，是年六月率官船巡缉莲花洋，见童子荡舟，内坐妇人，竹篮盛鲤。蓝公欲探究竟，呼而不应，于梵音洞畔不见踪影。公惊怪，命对洞开炮，而屡发不响。次日抵山，见庵中大士及善财童子与海中所遇无异，方知菩萨示现，以篮盛鲤，暗喻"蓝理"。由是皈心佛门，奉诏修复普济、法雨，迎潮音和尚主持山事，捐资筹划，重兴两寺五庵。其盔甲、战刀迄今珍藏本山文物馆。

  在四幅大型木雕选材上，唯有"蓝公护法"是以历史人物为主题，足见蓝理在普陀山发展史上地位之显赫、作用之重要。

根留定海　展复先祖

  蓝理调任天津后，他的部分家人及族亲留在了定海，继续为定海的发展作出贡献。光绪三年（1877）《定海厅志》载：

  蓝理，字义甫，号义山，漳浦人。状貌魁伟，虎头燕颔，口容拳，力举八百斤，足追奔马。少时好勇任气，被系"拟斩""拟杖徒"者数矣。康熙十八年，请剿海寇自赎，乃发台湾效力。二十二年，攻剧盗刘国轩、曾遂等，拖肠血战，卒平台湾。论功加左都督，以参将先用。二十六年，擢宣化镇总兵。二十九年，调定海。肃部伍，勤巡哨，居民安堵。时县新展，百物未具，

蓝理画像（徐正国博物馆收藏）

闽商来贸易者不绝。理身先倡捐建天后宫，于衙头旁设八闽会馆，商民感德，为立生祠。又购民田三十八亩七分，为明末殉难诸人岁时祭祀之资，属学宫经理其事。在浙十余年，权提督者四。每遇南巡迎驾，或入都陛见，宠眷特有加，御书"所向无前"额赐之。理性躁急，发如雷霆，过即忘之，无藏怒宿怨。每剧谈大笑，声闻里许。尤善骂人，遇权势赫翼出己上者，辄挫侮之。然遇才人杰士，虽极寒俭，必折节礼下，以此人服其伉爽。后升福建提督。其子孙家于定海。

蓝理有六个儿子，长子国英，岁贡生；次子文魁，太学生，早卒；三子国庭，辛卯科副榜贡生，以军功选郡司马；四子国定，岁贡生；五子国柱，与国定皆效力禁门，并授京营千夫长；六子国桂。

《定海厅志》记载："乾隆年间，蓝国庭任定海总兵，年份无考。"蓝理"其子孙家于定海"，应该是他的第三个儿子蓝国庭。定海徐正国博物馆征集到的、刘胜勇撰写的《蓝氏家史残帖》，记录了蓝国庭后裔世居定海的史实。帖文：

□□二十五日，诞辰七月，□（理）生六子，三国庭号植三，由□（浙）江省宁波府之定海厅道□□□□，国庭生三子，长□□□□，讳振文，官讳□□□□，次即我先考讳应熊公，□□□于堂楼中检收旧像，□□□□□相□麵矣，公急负□□□□□，此事难非。

像出□□□□彭墙而下，夷枪发其后，盖不知其为□□□□□（何也，此虽非）天助，若非公纯孝情深，临危不避，则此像之不毁于兵燹有几希，试问他人其有同为履险者乎，盖此像之得留遗于今者，公之心良亦苦矣。乔有愧吹埙,思承先志,屡见此像辄为嗟叹深之,旧像本系绢质,奈年深代远,面目微茫,谨于光绪二年季夏,延画师夏椿亭先生□□。此像竟以纸质为之,以久远是望,何嫌朴也。后世子孙如有擅□□□□,皆作不孝论。

岁次丙子□□蓝乔识于定城状元桥尚义门内种玉堂。

蓝乔撰《蓝理家史残帖》是在清光绪二年(1876),其居住在"定城状元桥尚义门内种玉堂"。"种玉堂"与福建漳浦赤岭乡的"种玉堂"是同宗同族,确系蓝理后裔。据舟山市博物馆原馆长胡连荣回忆,上海蓝鸿根的母亲,1980年仍居住在状元桥郭家道地旁的一个大院子内。他还记得,老人家具有大户家出生的高贵气质,很少与人交往。他家住四合院,中堂两边是太师椅,正中挂有祖宗像。胡馆长虽然与他们是远亲,但仅去过一次。

蓝理家史残帖还写道,原绢质旧像是鸦片战争前其父蓝应熊在堂楼影墙下检收的。普陀区政协文史委文史编辑胡瑞琪撰《从清代档案看定海蓝氏的源流》一文中提出,《清代朱卷集成》中清晰地记述了蓝国庭定海一脉的族系,文中写道:

蓝乔,字南宾,号谐韶,行二,嘉庆戊寅年三月二十七日吉时生,浙江宁波府学增广生,定海直隶厅民籍。他在咸丰壬子科乡试中式第八十三名举人,留下了一份乡试朱卷档案。

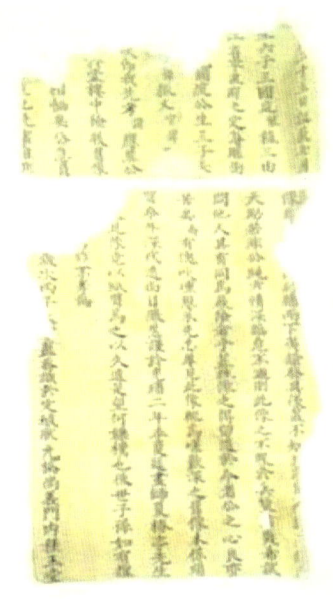

蓝理家史残帖(徐正国博物馆收藏)

根据蓝乔的这份档案,其初祖文明公名炯,以文学名仕元提举江西等处学校。入闽始祖蓝光,为元行省都事。迁漳浦长卿的始祖为庆福公。此公高寿一百二十七岁。然后庆福公以下,二世蕃公,三世三才公,四世元通公,

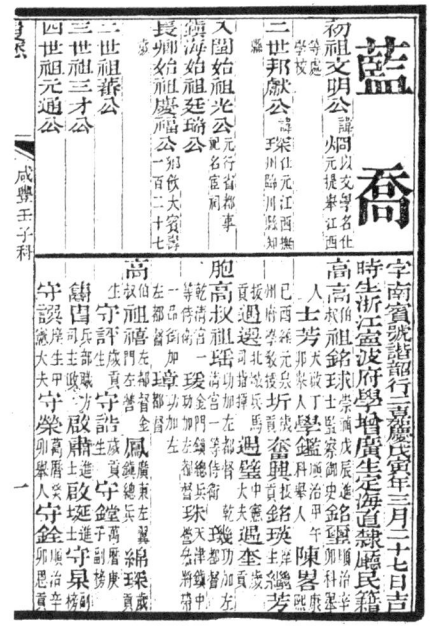

《清代乡试朱卷档案》记载的蓝乔档案

五世崇彰公,六世伯温公,七世广勉公,八世匡质公,世祖孔颖公,十世敬禺公,十一世侃菴公,十二世高祖义山公讳理。

以上族系记载与《漳浦石椅种玉堂蓝氏族谱》一致。《清代乡试朱卷档案》(以下简称《朱卷》)对蓝理的记载:

十二世高祖义山公,讳理,诰授光禄大夫。公从施将军琅,平台血战,功居第一。钦授山西大同总兵,挂镇朔将军印,功加左都督,调浙江定海镇总兵,御书"所向无前""勇壮简易"匾额,勒华表石文,赐"铜铸海疆曾著绩,铁衣戎略凤知名"对联。四署浙江提督。兴学校,垦荒芜,筑海塘,建码头,招商贾,通洋船,创建甬江八闽会馆。钦调天津镇总兵,开营田四千余顷。升福建陆路提督。康熙五十八年,平哈什哈,钦授参赞大臣,卒于军,赐祭葬回籍。

《朱卷》记载的蓝理政绩,弥补了志书里没有提到的一些内容,如筑海塘。康熙二十九年(1690),蓝理任定海总兵。时隔五年,缪燧任定海知县。蓝理与缪燧是定海军地两位最高长官,共同执政七年。这七年,军民和睦相处。其间,蓝理率三营官兵积极参与,共同完成了修筑海塘15379丈,占缪燧在定海22年所筑海塘总数25560丈的60%。蓝理还为定海兴学校、垦荒芜、招商贾等都作出了重大贡献,创建了甬江八闽会馆。

《朱卷》对蓝乔曾祖父蓝国庭的记载:

曾祖植三公,讳国庭,诰授武功大夫。康熙戊子副榜,请诣改武,钦授太湖协副将。廓清湖盗,历任福建澎湖广东雷琼协副将,升直隶正定镇总兵。为迁定始祖。

蓝国庭"为迁定始祖",前面介绍的《蓝理家史残帖》的祖先画像失而复得经过。先祖身穿饰有一品武官补子麒麟的官服,为蓝理画像。

《朱卷》对蓝乔祖父蓝家泽的记载:

祖伯裁公,讳玉田,谱名家泽,诰授武德骑尉。从壮烈伯李公,剿平蔡逆,屡著奇功,授黄岩左营守备。历任提定黄温游击,乍浦协参将。

《朱卷》对蓝乔父亲蓝应熊的记载:

父乡云,谱名应熊,邑庠生。例授文林郎。母氏黄,处士世恭公女。岁贡生式三公妹。

这里还记载了蓝乔父亲蓝应熊娶定海名门黄世恭的女儿、黄式三的胞妹为妻,也就是说蓝乔母亲是定海紫微清代著名学者黄式三的妹妹。

《朱卷》对蓝乔兄弟介绍:

胞弟文祐、文裴。

根据漳浦蓝氏开基祖庆福公派下的族谱,蓝理的父亲蓝怀紫为第三房,蓝理为蓝怀紫长子,蓝国庭为蓝理的第三个儿子。蓝国庭的长子是蓝家泽,蓝家泽的第四个儿子为蓝应熊,蓝应熊的第二个儿子蓝文裕。《朱卷》记载蓝乔为"行二",《漳浦蓝氏开基祖庆福公派下三房蕃公世系》记载蓝应熊有三个儿子,与《朱卷》记载其"胞弟文祐、文裴"相一致。"行二",即老二,蓝应熊的第二个儿子是"文裕",蓝文裕即蓝乔。蓝乔的后代一直世居在定海城。

介绍蓝乔十二世高祖蓝理

以上史料证实蓝乔的父亲是蓝应熊，这与《蓝理家史残帖》记载的"即我先考讳应熊公"是一致的。该份《清代乡试朱卷档案》登记居住地"世居浙江定城衙头，现住状元桥尚义门"，又与《蓝理家史残帖》落款"蓝乔识于定城状元桥尚义门内种玉堂"相一致。由此，也证实了《定海厅志》记载蓝理"其子孙家于定海"，说的是"定海始祖"蓝国庭。福建漳浦县赤岭畲族乡蓝荣钦对蓝国庭介绍：

蓝国庭（生卒年不详），字实仲。漳浦张坑（今漳浦县赤岭畲族乡）人，畲族。福建陆路提督蓝理的第三子。历官水师游击、参将、副将、总兵。后代多居住于浙江省定海县舟山群岛状元桥。

康熙五十四年（1715），年轻的蓝国庭随父亲蓝理出征西藏，平定准噶尔部落的叛乱。乾隆十年（1745），提拔为厦门镇水师后营守备。乾隆十三年（1748），任厦门镇水师游击。乾隆十七年（1752）起，分别任厦门镇水师参将、江苏太湖协副将。乾隆二十一年（1756）三月，调任河北正定镇总兵。正定地处咽喉之地，京师锁钥，兵家要地，清廷以重兵把守。对正定营总兵人选更是十分谨慎，要求严苛，调动频繁。乾隆二十二年（1757）六月，不知何因，乾隆以"蓝国庭不胜总兵之任"为由，将其降级调任广东水师副将。不久，蓝国庭被重新启用为总兵，并调任定海镇。终步父亲蓝理后尘，成为舟山群岛最高军事长官，也算是漳浦蓝氏与那块土地结下不解之缘。……

除了蓝理的儿子蓝国庭成为定海始祖，留在定海的还有蓝理的族侄蓝明及蓝明的后代。清光绪《定海厅志》载：

蓝明，字惟圣，初名元骥，别号万川，广东海阳县人。自幼丧父，见遗书辄涕泣，母与兄咸异之。比长，状貌修伟，遇事有干略。侍卫吴启爵请假回里，一见奇之，妻以兄子。随赴京任，授以水陆行阵机宜。会郑经乱台湾，启爵奉命监军，谓明曰："大丈夫立功显扬，此其时矣！"遂与偕行。遇水师提标右营游击蓝理，为其族父，遂荐诸提督施琅，以把总随征，屡著劳绩。

漳浦蓝氏开基祖庆福公派下三房蕃公世系

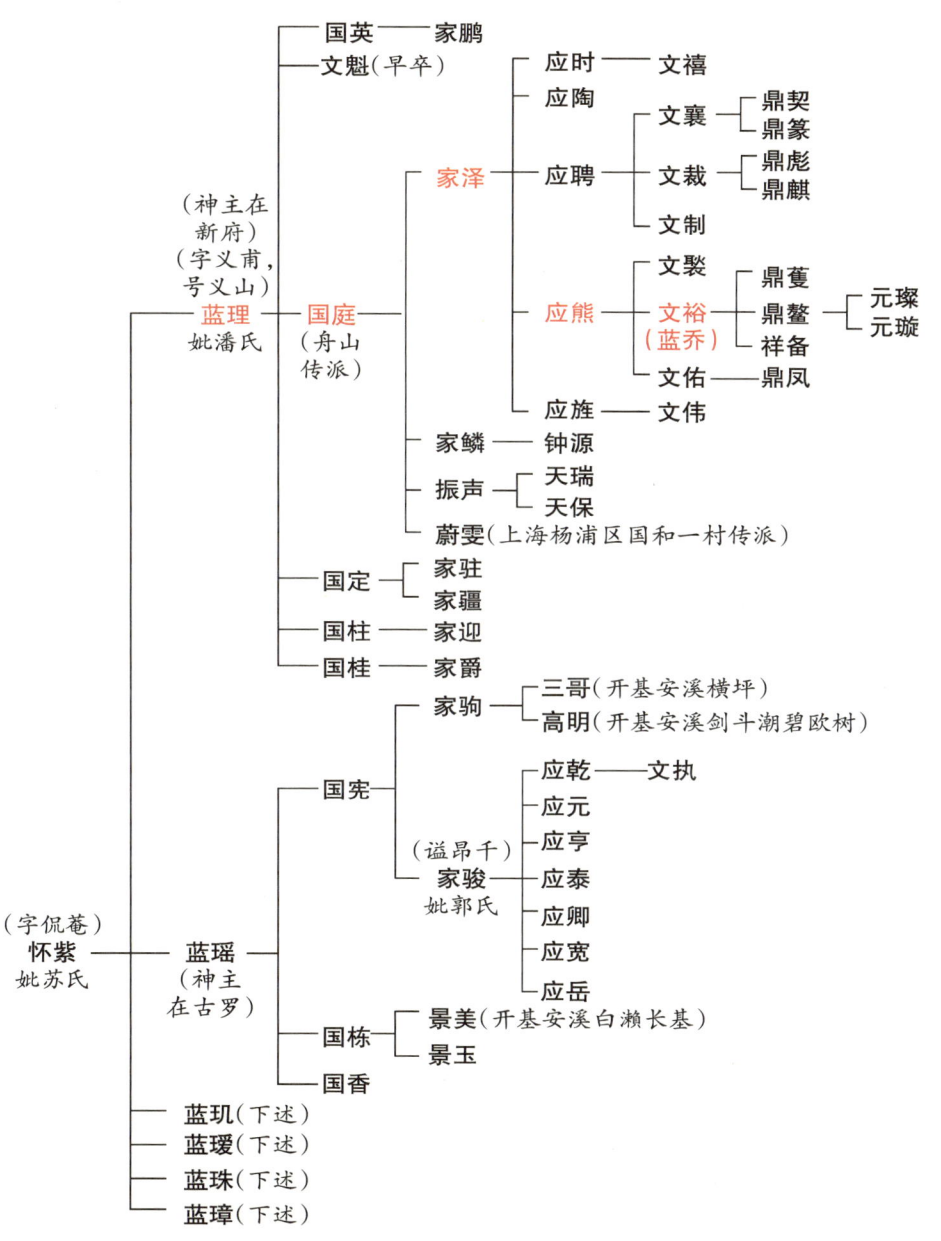

详见《闽浙制军姚公启圣征台集》内。事定论功,加左都督。理秉节定海,明随标效用,遂家焉。后理调镇天津,复亲以札委任。明以征台湾肩背伤复发,不能供职,退居东郊别墅,莳花酌酒以为娱。族子守魁早亡,抚其子成立。亲友求贷者,必周之。子三:应袭、应麟、应桂,称济美。应袭、应桂别有《传》。

蓝明是广东海阳县(现广东潮州市潮安区)人。蓝明跟随吴启爵出征澎湖海战,遇蓝理族父。蓝理把他推荐给施琅,澎湖海战屡立战功。蓝理到定海任总兵,蓝明举家来定海,加左都督。蓝理调镇天津,蓝明因平定台湾海战中旧伤复发,没有同行,退居东郊别墅。蓝明长子蓝应袭、三子蓝应桂、蓝应桂儿子蓝嘉言、蓝嘉言儿子蓝蔚雯、蓝明孙子蓝嘉瑛等,在《定海厅志》均有记载。

乾隆年间,作为定海例仕载入志书的有蓝振声、蓝嘉瑄、蓝嘉璐等蓝明后裔。在定海还发现同治元年晴川抄写的"蓝大房"年庚簿,年庚簿记载:曾祖是蓝嘉璐、祖父蓝运鲲、父亲蓝新志、本身开槺(号晴川)、长子宗德。这些名字的辈分,与上海杨浦区国和一村蓝鸿铎先生提供的蓝氏族谱谱名"嘉运新开宗绪鸿文永振家声"排名相一致。

《清代朱卷集成》蓝沂华档案中写道:蓝沂华的高祖讳明,曾伯祖应袭、应麟。伯叔祖嘉璐、嘉瑛等,蓝嘉璐应为蓝明后代。

蓝理任定海总兵后,他将自己的家人和族人迁入定海,还带来了一大批福建人到定海拓荒、经商,成为定海展复时期新移民。

民国《定海县志·定海县城厢全图》中有记载,在状元桥至南门以西有二处标有"蓝府河""蓝府河前"的地名。这个蓝府与"状元桥下种玉堂"蓝乔家比较近,说明当年蓝府的名气很大。

垦荒"蓝田"

改良洼地　稻始津冀

康熙四十二年（1703），蓝理调任天津总兵。临行前，康熙召见蓝理，再一次褒奖他平定台湾的勇壮之举，并肯定他在展复定海、重建普陀山观音道场中所作出的重大贡献，赞其曰："当官者当如此。"御赐"勇壮简易"匾，又赐孔雀翎及冠服。

蓝理到天津后，但见天津一望皆平原，低洼湿润，一片荒芜。蓝理考虑到京城一带产米很少，认为：天津地处九河下梢，在一片低洼处可以开河引水种植水稻，以"节省兵饷"。

当时，清政府颁布了奖励农垦，凡"无主荒田，州县官给以印信执照"，开拓耕种六年之内不许征收钱粮，"不允分毫金派差徭"。甚至对开荒有功者，还论功之大小给予加官晋爵。

为响应朝廷号召，蓝理上书朝廷开垦营田，奏请："直隶沿海旷地，丰润、宝坻、天津等处洼地，可仿南方开为水田栽稻，一二年后渐成肥沃。"但康熙批示："昔李光地有此请，朕以为不可轻举者，盖北方水土之性迥异南方。当时水大，以为可种水田，不知骤涨之水，其涸甚易。观琉璃河、莽牛河、易河之水，入夏皆涸可知。"康熙认为南北水土差异很大，北方水虽大，易干涸，不赞成在天津种植水稻。

蓝理经过实地勘察与筹划，提出先开垦试验田，然后大批垦田的计划。同时招募有种植水田经验的福建、浙江农民200余人（几十户居民），开垦农田。对于前来垦种者，按朝廷规定给以计口授田，耕种者可以拥有所耕种土地的产权，官府再拨予耕牛和种子。一旦试验成功，就进一步招募江南农民，以便在天津"将沿海弃地尽行开垦"。

十二月，蓝理再次上奏请开水田，详细汇报了开垦方案。第二年朝廷批复说："天津附近荒弃地亩，开垦一万亩以为水田，俟有成效时，除八旗马厂、旗民地亩外，将沿海所有荒弃地亩，该抚会同文武官员，尽行查明，交与地方官开垦以为水田。种此地时，行令各省巡抚、将闽、粤、江南等处水耕之人，出示招来。情愿者，安插天津等处，计口授田，给予牛种，限年起科。"从朝廷的这一议案中可以看出这次天津营田的实行方案和措施：

1. 暂时开垦一万亩作为试验，成功后推广至整个天津沿海。
2. 开垦荒地时八旗马厂、旗地不能动。
3. 巡抚和各地方官要积极配合。
4. 招募南方会种水田的人来耕种。
5. 朝廷给予这些开垦耕种水田的南方人以优惠政策，即计口授田，土地归个人所有。官府给予耕牛和种子，按照当时开垦荒田的优惠政策起科。

能得到这个批复，和康熙皇帝关心农业生产有很大的关系。封建社会的中国，是农耕国家，古来帝王都关心农业生产，重视农业。康熙皇帝更是把农桑作为第一要务，他不仅在政令中要求各级官吏重视，还亲自颁布刊刻御制耕织图。而且身先士卒，亲自耕作和试验先进的农耕技术。据赵润田编著的《康熙教子秘语》记载，为了促进农业生产发展，康熙于西苑（今中南海）新建了丰泽园，作为试验地。开垦稻田数亩，植桑树数十株。在处理政务之后的闲暇时间，他就在这里进行种植试验。某年六月下旬，康熙到地里去查看，"忽见一棵高出众稻之上，实已坚好"。他欣喜若狂，如获至宝，便将其收藏，留作种子。次年试种，果然又在六月成熟，较一般水稻早两三个月。从此生生不已，用"一传"育种法，培育出早熟新稻种。因为它是出自御苑，就取名"御稻米"。

御稻米色微红而粒长,气香而味美。由于生长期短,适于北方,于是康熙决心向地方推广。康熙表示,"愿与天下群黎共此嘉谷"。康熙四十二年(1703),在承德避暑山庄,康熙下旨开垦一大片水田,种植御稻米。此后,种植的御稻米每岁避暑用之尚有盈余。

也就是在这种背景下,蓝理第二次上书在天津开垦水田得到了批准,而且种的就是适合在北方生长的御稻米。仿南方做水稻的经验开挖河渠,使大片洼地改良为水稻田。

前面说到康熙的第一次批复,认为北方河水夏季很容易干涸,不宜种植水稻。蓝理因地制宜,设法变洼地为可以灌溉的水田。当时的城南是一片沼泽洼地,蓝理组织军民修圩岸、开河渠,开挖了两条引河——贺家口和华家圈。一条自城南八里台,经佟家楼(今佟楼)至海河边的贺家口,名为贺家口引河;另一条从城南护城河开挖小河直通贺家口引河,这条小河即华家圈引河。贺家口引河可以引用海河潮水灌溉,如果潮水上涨不足,则可以经华家圈引河从护城河中引一部分水来。以这两条引河为主形成了河渠圩岸周长达数十里的水网,成为营田的主干河流。当时的灌溉工具为南方水车,每顷田地配备四部水车。涝时疏排,旱时引灌,构成了以海河为依托的排灌系统,解决了洪涝与干旱的问题,亩产稻谷三四石。经过一年的垦荒耕耘,原城南低湿的洼地被改造成为良田沃野,呈现"雨后新凉,水田漠漠,人称'小江南'"。

稻田试验成功后,蓝理向朝廷建议:把水利营田范围扩大到全直隶。关于劳力问题,他也考虑到了,可以把江南各省的"军徒人犯"都投入到营田劳作。但是他的建议没有得到康熙帝批准,被搁置下来。

虽然没有扩大化,但天津的营田却还在持续。至康熙四十四年(1705),开成150顷(一说200顷),而且收成还可以。其中50顷稻田,"一年之内见经收获二千五百石"。康熙皇帝将这部分新垦荒地全部赐给蓝理,命名为"蓝田"。

蓝理营田不足两年的时间,将水田"奏归之官",由蓝理弟弟参将蓝珠经营。

康熙四十九年(1710)十月,直隶巡抚赵弘楚等奉命查勘"蓝田"后疏言,原任天津总兵官蓝理开垦水田150顷,令天津参将蓝珠料理接种。但水田150顷内,有洼地50顷,时被水浸,不便耕种;又有高地50顷,不宜种稻,只种

天津城乡图中的蓝田位置

收杂粮,供给农工;其可作水田种稻者,只50顷。如果重新疏浚河道,开挖泄水口,并设置闸门,这150顷就可以皆为水田,一年之内可收2500余石,还可以安设官屯。康熙批复:"此开垦田地,著交与赵弘燮,有情愿耕种人民,拨与耕种。"(《清圣祖实录》卷二四四,康熙四十九年十月乙酉)意思就是不主张再继续投入,而是招佃百姓,任其自然。

"蓝田"虽然废弃了,但开掘的两条引河还是给当地人带来了好处。同治《续天津县志》卷七载:

自海光寺创修河道海港,旱则汲引,涝则泄。近年以来,土人熟娴其事,

虽遇荒欠，津城独享其利焉。

虽然天津的蓝田并没有扩大，但蓝理首开北方试种水稻成功并大面积推广于长城内外，成为农业史上的一项创举。此后，在北京西郊玉泉山种植水稻成功，逐步推广，成为有名的"京西稻"。

康熙五十二年（1713）春，又向南方推广，实现了同种粳稻双季连作，使水稻大面积增收。蓝理成为在北方推广水稻种植的第一人，其在北方水稻种植史上堪称先驱者。

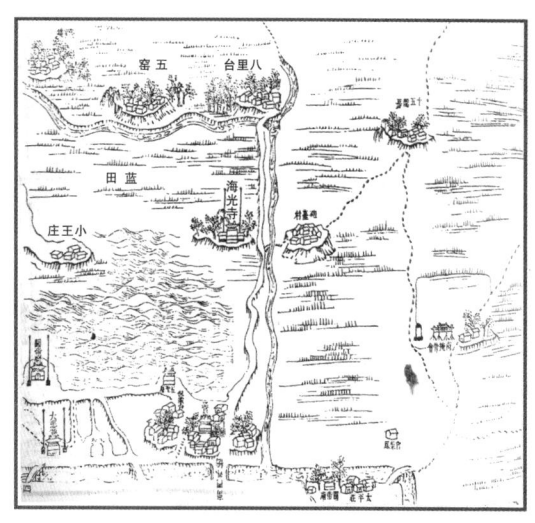

天津《津门保甲图》中的蓝田和海光寺

"普陀"佑民　胜似"桃源"

康熙四十五年（1706），蓝理见营田周边风光颇似江南，就在"蓝田"以南距天津城南门三里的官道东侧（今和平区南京路与南门外大街交会处东北侧，南门外大街以东，多伦道以南，万全道以西，南京路以北的合围区域）修建了一座宏伟轩昂的寺院，名为"普陀寺"。这个"普陀寺"，就是原来定海普济寺的寺名。蓝理修建普陀寺，希望普度众生的观音菩萨同样能保佑天津子民康泰平安，风调雨顺，五谷丰登。

普陀寺竣工后，蓝理请高僧成衡担任住持，南部土地开

1890年拍摄的海光寺和天津机器局全景

发亦由成衡管理。史书记载说，当时普陀寺外"多成衡垦土，故环寺有渠通贺家口，出海复掘长短沟洫，以灌溉东、西圈稻陇"。成衡著有《海光寺志》，对开垦记载：

尔时水田分为东、西两圈，内又各以垦种为圈名，如华家圈、徐家圈是也。又地名东棚、西棚者，为推水车畜马所也。公闽人，就以闽法行之。

文中所记载的"公"，就是蓝理，他用福建种水稻田的方法效之。

康熙五十八年（1719），康熙赐名"普陀寺"为"海光寺"，和水西庄、西沽一起成为早年天津三大春游胜地。寺院西南面地低，南洼积水相连，一望无际。东北植杨柳万株，绿荫遍地。阳春时节，一天飞絮，十里波光，人称"小桃源"。

乾隆皇帝非常欣赏海光寺风景，乾隆三十二年（1767）他在海光寺前阅兵，写有《题海光诗》及《阅武》诗。

咸丰八年（1858）五月初八，清政府派钦差大臣桂良和花沙纳与俄、美、英、法各国代表分别在海光寺签订《天津条约》。遗憾的是，光绪二十六年（1900）八国联军再过天津，寺院被烧毁。

清政府与英法等国在海光寺签订《天津条约》

官擢福建

再获钦赐　荣耀故里

康熙四十五年（1706），蓝理升任福建陆路提督。福建是他的老家，可谓是游子回乡，荣归故里。赴任之前，蓝理再次受到康熙皇帝御见。

七月三十日，《康熙起居注》记录了康熙在波罗河屯行宫召见即将赴任福建提督的蓝理和接任天津总兵官师懿德。康熙对蓝理说："福建近海，关系重要。曩时谙练海战者犹有其人，今则寥寥矣。且天下承平日久，人皆贪于逸乐；若不时加训练，万一有事，欲令其舍命冒险，难矣！尔当小心约束，勤于操练，务期兵民缉睦。"（摘自《大清圣祖仁皇帝实录》卷二百二十六）为了表彰蓝理为官勤勉，康熙再次御赐"所向无前"匾额，又赐予蓝理母亲

康熙御赐蓝理母亲"昼锦萱荣"匾

苏氏"昼锦萱荣"匾额。蓝理感恩不尽，在陛辞中动情地说："今又准臣所请，赐臣母'昼锦萱荣'四个大字匾额，臣虽粉骨碎身何能仰报……皇上恩宠甚深，今将辞去，恋主之情甚切，臣愿一年一次来京瞻仰天颜。"

蓝理将康熙赐予其母的"昼锦萱荣"匾额，挂在了漳浦县赤岭乡石椅村蓝氏种玉堂，今仍挂在种玉堂里。

四十六年（1707），康熙皇帝南巡，下专旨让蓝理到扬州接驾。君臣相见，倍感亲切，蓝理在扬州住了半个多月。临别时，御赐"勇壮简易""所向无前"牌坊一座，提督府一座。

为了感谢姑妈当年收留之恩，蓝理特将康熙赐他的"所向无前""勇壮简易"牌坊选址在姑妈家门前（今漳州市芗城区新华东路岳口街）。《福建省少数民族古籍丛书·畲族卷·蓝理报恩》记述：

后来蓝理思过发愤去投军了，在施琅大将军麾下当先锋，在平定台澎的战役中屡建奇功，官至福建提督。蓝理衣锦还乡之日，"种玉堂"下高悬着康熙皇帝御笔题写的匾额"所向无前"和"福"字。两边还有康熙皇帝赞蓝理的御制楹联："铜柱海疆曾著绩，铁衣戎略凤知名。"

只见蓝理高踞"种

康熙御赐蓝理"勇壮简易"牌坊（南）

玉堂"主座上，家族中长辈们都鹄立两边，胆战心惊地侍候着。蓝理叫人抬上两大箱银锭来，一只只大元宝都摆在供案上。

蓝理满面春风地高声说道："众位族亲，我蓝理当年不肖，长辈们唯恐我辱没家声。今日里，我蓝理衣锦返乡，总算能光宗耀祖了。皇帝恩宠，令'种玉堂'蓬荜增辉，我蓝理肝脑涂地，誓死报效皇恩。对于众族亲，我也知恩必报，案上银锭，聊表心意，只要说出往日于我蓝理有一饭之恩者，即可上前随意领取。"

蓝理说完，这些长辈们只是你看我，我看你，大眼瞪小眼，谁也不敢吭一声，堂上静悄悄的，鸦雀无声。静了片刻，这时在下头观看的人群中挤出一个大嫂来，她开声说道："大兄弟，那年，嫂子送一只银簪给你做路费，你还记得吗？"蓝理一看，连忙离座，下来向堂嫂施礼，感谢道："嫂嫂大恩，蓝理没齿难忘。当年若非嫂嫂半夜来通风报信，蓝理早已沉溺池塘做水鬼了，哪能还有今日！"赶快取两大锭元宝相赠。

这时，一位挂着拐杖的老妇人，颤巍巍地颠上前来说："理仔，那天我塞给你两块大番薯，你还记得吗？"蓝理一看老婶婆还健在，赶紧扶住老人，请她坐下，说："婶娘，我可想念您呐。那两块番薯可真甜哪，要不填饱肚子，怎有力气逃到漳州去了呢？"也送给两锭大银。

最后一个，是他姑母，刚从漳州赶来。蓝理一见姑母，禁不住热泪盈眶，连忙跪下向姑母请罪道："不肖侄儿，不念姑母的好心，反起歹意，卷走您的棉被，叫您受饥寒了。"加倍地送四锭大银给姑母。蓝理对卷走姑母棉被一事，一直感到内疚，所以后来钦赐为蓝理立"勇壮简易，所向无前"的牌坊时，就定点建在姑母家的前面，以显光耀，借以报答姑母之恩。……

这个故事流传于漳浦，1991年由蓝海亮讲述，王雄铮采录。描述蓝理衣锦还乡，在种玉堂报答其穷困潦倒之时给以资助的有恩之人。"滴水之恩"，蓝理将"涌泉"相报。

蓝理坊坐东北向西南，石仿木结构。其规制宏伟、雕刻精美。牌坊高12.5米，宽10.53米，十二柱式三门五楼式，每组三组三柱纵向排列。中间大方柱边长0.58米，前后小方柱边长0.27米。正楼四坡顶，顶部檐下正中置镂雕一龙衔顶、双龙盘边、祥云托底的竖匾，匾上直书"御书"二字。其下两面分勒康熙御书"勇壮简易"和"所向无前"正匾。正匾下用梁枋隔为三层，中层两边各雕一站立人物，中间阴刻楷书榜文：

提督福建全省军门，左都督纪录二次，钦赐帑金建祠、孔雀翎、东珠帽、五爪龙袍、元狐裘帽；御书匾额、对联、诗章、诗扇、古文书籍、内府法墨、金星歙砚、金铳、金瓯等物。前镇守直隶天津、浙江定海、直隶宣府等处，三任总兵官，挂镇朔将军印蓝理。

上下层各嵌三块雕刻抚琴、游园、出行等图案的镂空双面雕花版；再下是大阑额，其上浮雕张口双龙和云纹。正楼两侧为两层的边楼，各楼均设四根小柱支撑三面出檐的楼盖。柱间嵌着镂雕花版，以青石和白石相间建造，石材颜色对比鲜明。各楼顶上皆置鱼形脊饰，檐翼角都有自然的起翘。正匾以下均以梁枋隔层。坊上形大体硕的梁、枋、柱，以及精雕细刻的斗拱、雀替、花版、垂柱等程式部件，设置巧妙，

康熙御赐蓝理"所向无前"牌坊（北）

衔接精密。坊上字刻深浅适宜，刀法娴熟，还有康熙手迹等。碑坊上用阴刻、线刻、浮雕、镂雕、双面雕等不同手法，雕刻龙凤、花卉、飞禽、瑞兽、人物等画面，有写实，有夸张，有工整，有奔放，各展风采，形象生动。不仅具有南方细腻

康熙赐"所向无前"牌坊局部（下为榜文）

繁缛的手法，而且融进北方粗犷刚毅的风格。

有的青石镂雕花版还雕有洋人形象。有的头戴礼帽，有的卷发虬髯，有的作舞蹈状，有的与汉装老人谈话。在清代石坊上出现洋人形象，尚属罕见。其石雕艺术既体现了漳州传统艺术，还大胆地吸收了外来文化。

1996年，蓝理坊被公布为第四批全国重点文物保护单位。

康熙赐建的提督府，蓝理将它建在了自己的家乡赤岭村。提督府为三进七开间，两进之间各有附属建筑，俗称"正三假二"的五进结构，两旁各有一列护厝。前门卷书青石门鼓，台阶垂带式，倒吊莲，石雕麒麟墙斗等。前面一片石埕，用条石纵向分成13格，中间分7格，两旁各分3格。这种石埕结构的格数，赤岭当地人都比较熟悉，成为衍居海内外蓝氏后裔认祖的标志之一。

蓝理建造提督府时，还为其叔伯建造了一幢住房。当年，蓝理犯族规将被沉塘的前一晚，是叔伯将其从种玉堂里解救出来的。为感叔伯救命之恩，蓝理在造提督府时用最好的木材给叔伯在顶西建了一幢规模宏大，装修豪华的房屋。故当地流传着"有顶西富，也无顶西大厝"的俗语，意思是说最富有人家也造不出这么考究的房子。该建筑保存较好，现为省级文物保护单位。

位于赤岭村康熙御赐所建的蓝理提督府（门两侧为麒麟石雕）

康熙四十五年（1706），为了不忘在浦头大庙度过的穷苦潦倒的岁月，蓝理将自己的公馆建在浦头大庙不远处巷口盐鱼市。后因公馆闲置，被改为霞东书院。

乾隆年间，文华殿大学士、《四库全书》总裁蔡新归隐至此讲学，后辟为漳州府郡东厢社学。道光元年（1821），乡绅黄步蟾倡议重修。台湾道台姚莹撰《重修霞东书院碑记》，碑载：

蓝理为其叔父在顶西建造的住宅

郡东文昌宫，故漳浦蓝总戎馆地，太傅蔡文勤

霞东书院供奉的蓝理神像

公塑帝像祀焉。民国初年,秀才杨瑞庵(南词古乐漳州第四代传人)在书院成立霞东钧社南词馆,招收学员,传授南词古乐。其唱腔曲调与台湾十全圣乐腔十分相似,与江西南词同属一个派系,堪称海峡两岸艺术姐妹花。

书院坐北朝南,由前埕、前后两殿及天井等组成,占地面积230平方米。2005年,被公布为福建省级文物保护单位。

霞东书院(原蓝理馆地)

惩恶济民　再次入狱

康熙五十年（1711），蓝理任福建提督之时，福建东北部泉州、漳平等地受灾，百姓生活陷入困境。漳平陈五显就聚集了两千多人起义，泉州、永春、德化等州县社会不安定，蓝理出兵平定。《孙文成奏折》记载：

谨奏，为钦遵谕旨奏闻贼信事。闻福建省泉州府陈姓贼首纠集贼徒数千余名。今年二月初二日，兴泉道佟沛年、提督蓝理之中营参将尚之璔领兵启程前往德化县。二十日，福建总督范时崇、巡抚黄秉中札饬提督蓝理左营游击杜、泉州府城守营游击韩此二游击领兵往拿德化县之贼。

二十六日，漳州府城守营游击林，领兵至漳平县大顺堡地方遇贼交战，将贼击败，贼登山败窜。此役获贼三名，旗十余杆。

三月初二日，兴泉道佟沛年、提督蓝理之中营参将尚之璔领兵至德化县太华岩地方遇贼交战，将贼击败，登山败窜，此役获贼三名。

初四日，提督蓝理之中营参将之璔于安溪县太湖山下、山顶与贼互相放炮，攻打一日，于日落前收兵至下芝地方防守。

初九日，提督蓝理差遣同安县副将金，给与兵往安溪县太湖山地方支援。

初十日，提督蓝理派出属下众微员，交给大小炮五十余尊，火药七八百斤，差往安溪县太湖山地方。发出贼首陈告示，粘贴于福建省府州县各处，照告示抄写折子一件一并齐来。此内知其名字之人，书写名字，不知名字之人，则书写其姓氏，谨此奏闻。

朱批：知道了，再探信具奏。

康熙五十年四月二十日。

蓝理对那些欺压百姓，为所欲为的地方富豪深恶痛绝。他到了福建以后，总想着多为百姓做点事，但往往因库银不足心有余而力不足。除了自己带头捐资，还想了一个办法，凡是发现地方富豪有不法行为的，就缴获他们的不义之财，为当地百姓造福。他认为"以地方不义之财为地方谋利，可以劝孝悌，仰豪强，转移风化"。有人劝他说："这些事有专门官员会做的，您办这些事情不合适。"蓝理生气地说："天

康熙辛卯冬（1711），蓝理在泉州崇福寺前照壁墙题"松湾古地"，落款"金浦蓝理"，盖"蓝理之章"印

下官，管天下百姓，你们这些迂腐的读书人又懂什么？"这个办法刚一实施，人们纷纷前来举报，其中也有造谣诬告，陷害守法的富豪。于是，衙门的差役四处抓人，蓝理手下个别人乘机结交地头蛇，寻找富有人家，借机造谣恫吓，从中劫财。受到迫害的富豪心生怨气，一些为富不仁的豪门富户不但不行施粥救人之善举，反而趁机囤积粮米，造成米价暴涨，民不聊生。蓝理就对为富不仁者科以罚金，那些权势豪强怀恨在心，伺机报复，他们罗列罪状上奏朝廷。他们把蓝理比作老虎，刻印很多绘有老虎的帖子，到处张贴。这些帖子传到京城，蓝理名声大坏。

康熙大为震怒，令浙闽总督范时崇、福建巡抚觉罗满保等会审，他们弹劾蓝理"贪婪酷虐"，奏请立斩，追回赃银八万两。康熙念蓝理破肚拖肠平定台湾的功绩，免其一死。在《提督蓝理霸市抽税贪污案》记载：

提督蓝理在福建贪赃枉法，横行霸道，任意加重商业税收，他本人再从收到的商业税中抽取入己，商民、小贩等叫苦连天，不堪忍受。民人百姓纷纷向地方和中央举报。于是，福建巡抚满保和闽浙总督范时崇联名向中央告发了蓝理的罪行，并请求将已被撤职、但此时在京城的蓝理逮捕究办。

康熙帝看了这个告发的报告后，命令兵部侍郎觉和托等将蓝理逮捕并押往福建会审。

经过觉和托与福建巡抚觉罗满保、闽浙总督范时崇会审查明，蓝理在福建地方霸市抽税，贪赃已达数万两之多，被害的民人众多，流毒已极、影响极坏，应将蓝理判处死刑，处斩立决。

康熙帝阅后下旨：蓝理应依照所议，判处死刑，处斩立决。但蓝理在台湾、澎湖的军事行动中，奋勇向前，著有劳绩。著从宽，免蓝理一死，将蓝理押解到京，交其所属的旗族管束。

蓝理在武夷山题刻"虎啸"

康熙五十一年（1712）十一月初六日《提督蓝理霸市抽税贪污案判决书谕》写道：

先是福建巡抚觉罗满保，会同浙闽总督范时崇，列款纠参革职原任福建提督蓝理，贪婪酷虐，流毒士民。见在京师，应请拿究。

上命兵部左侍郎觉和托等将蓝理带往福建会审，至是觉和托察审蓝理霸市抽税，婪赃累万，被害不止一家，流毒已极，应拟斩立决。

得旨：蓝理应依议处斩。但在台湾澎湖对敌之时，奋勇向前，著有劳绩，著从宽免死，调取来京入旗。

蓝理对朝廷指控的罪名不申辩，把下属以他名义所做的坏事全部一人承担下来。为此，蓝理再次入狱。

泉报桑梓　福泽故里

虽然蓝理再次跌入人生低谷,但他为福建人民所做的修桥筑路建庙,倡修江东大石桥,疏浚浦头溪,扩建了新行街为"浦头渡"等实事好事永远载入史册。

蓝理没有忘记浦头大庙"五人共穿三条裤"的日子。回到福建当官后,他出资修建浦头大庙。还写下"江汉以濯"匾额,悬挂在大殿之上,以表敬仰关夫子之心意。

康熙四十六年(1707),蓝理看到浦头溪废圮,海河交通停止,严重影响

蓝理题"江汉以濯"匾

了经济发展。蓝理慨然以为己任,捐金疏通滩溪、浦头港,修筑"浦头渡",还修建了浦头街,为漳州经济发展打下基础。

康熙年间《龙溪县志》记载了蓝理修建多处街市,大开贸易之道,使浦头溪航道得以贯通,浦头渡侧街市林立的经过。到清代中期,浦头渡已经由横渡之渡口,发展为长渡之总码头。浦头码头不只是漳州府城东出必经之地,也是康熙年间客货汇集的大码头,还是漳州与台湾之间的贸易码头。

澎湖一役,清军将士阵亡329人,施琅曾先后举行祭奠盛典并亲自通读祭文。蓝理回故里任职,亦时刻不忘战澎湖死难将领。康熙五十三年(1714),他倡议在厦门狮山中段的"中岩玉笏"旁建祠,祠旁立"澎湖阵亡将士之灵"碑。并在"中岩玉笏"石正面刻"提宪蓝公于万石中岩建澎湖鏖战从征奋勇死事将士之祠,捐金置产,以崇祀典,因勒诸玉笏石,用昭永久……康熙五十三年"。文中还刻有"戡定澎台,四海威扬"。"提宪蓝公",指时任福建陆路提督蓝理。同年,僧人衲果在中岩寺前"石笏"巨石上勒蓝理等人为澎湖纪念祠捐金置产等事项的摩崖石刻。

雍正十一年(1733),清溪(今安溪)司铎李铨在石碑旁巨石上刻七言绝句诗《癸丑促夏谒将士祠有感》一首:"诸公死难报君恩,血战功成名久存。提帅有心怜将士,建祠崇奉慰忠魂。"李铨,雍正年间曾任清溪(今福建安溪)教谕。

"澎湖阵亡将士之灵"碑,高2.12米,宽0.84米。下承碑座,碑前有石供桌。现祠已废,原亭也废,石碑犹存于厦门市万石植物园中岩寺山门内。1998年,厦门市人

"澎湖阵亡将士之灵"碑

浦头大庙蓝理神像

民政府在中岩寺旁新建将士亭。2009年,该碑被公布为福建省级文物保护单位。

"平定台湾"是蓝理一生的主要功绩,其事迹记载流传颇广。《清史稿》有简洁明了的叙述,而浦头人口中流传的"蓝理拖肠战澎湖"的故事,相当于《清史稿》蓝理传的通俗版。浦头人认为蓝理能"浪子回头"成为"武将",一是浦头大庙是"虎形风水",专为武将量身定造的风水。蓝理等人在大庙居住过,必得益于其风水的润泽;其二是浦头大庙供奉的是武神关公,使得"五虎将"投军后取得显赫战功。蓝理是个知恩必报的硬汉子,漳州百姓对蓝理做的好事更是有恩不忘。他们在浦头大庙中设置蓝理神位,当伽蓝神一样供奉至今。

浦头大庙

戎马一生

老骥伏枥　一门三杰

蓝理在狱中期间，准噶尔部噶尔丹的侄子策妄阿拉布坦在俄国沙皇的唆使下，再次作乱，骚扰西北边陲，袭击并占据了西藏拉萨。清政府出兵征讨，镇远将军富能指挥的西路军作战失利，损失惨重。

康熙五十四年（1715），清军打算兵分三路，重新进剿。蓝理请求随军出征，将功补过，报效朝廷。康熙同意他的请求，赐他总兵衔，命他随都统穆尔赛出征，协理北路军务。

蓝理征战

蓝理带着国英、国庭、国定、国柱四个儿子，自筹费用，随从穆尔赛将军北征。出征前康熙对穆尔赛说："蓝理识练行间，汝宜亲信，大有裨益。"过后，康熙闻知蓝理驻守战略要地二十五台，又下谕说："蓝理用兵合机宜，久已知之，今驻二十五台，正合朕意。"因立下战功，蓝理被赐予提督衔，加封左都督，禄享官阶一品。后因蓝理旧伤复发，朝廷赐他回京治疗。

清一品武官补子 麒麟

康熙五十六年（1717）四月，关东大盗孙森盗窃了辽阳巨炮和战舰，潜逃到浙江海域。沿海官员多次缉拿孙森，都无功而返。康熙想到了蓝理，可此时蓝理已力不从心。于是，他举荐了自己的侄孙蓝廷珍。

蓝廷珍（1663—1729），字荆璞。年少时，不远千里投奔时任定海总兵叔祖蓝理。在军伍中，蓝廷珍刻苦练习骑射，弹无虚发，得到蓝理重用。

蓝廷珍坐像

康熙三十四年（1695），蓝廷珍升任定海营把总；四十四年，升温州左营游击；五十八年，升澎湖副将、南澳总兵；六十年，上书自荐出师台湾，剿灭了朱一贵义军后留台处理善后事务。

他主张对百姓采取教化的办法，鼓励开拓，使地尽其利，人尽其力。根据他的主张，在诸罗辖地，划虎尾溪以北至大甲溪增设彰化县；溪北至鸡笼设淡水厅，以理民番之事。

蓝廷珍治台时请准实行保甲制度，设

雍正御赐蓝廷珍"平台大将军"匾

立大乡总和乡长。为完善防务，实行团练制度，编练乡壮，以补兵源不足。有事从军，无事分散为民，乡自为守，人自为兵，对台湾社会安定，防止外敌入侵，开拓和发展台湾经济起了很大的作用。这些政策被"历代治台者引以为法"，影响极为深远。他一生24次受朝廷赏赐，被雍正誉为"治台名将"。雍正元年（1723），雍正御赐匾福建水师提督蓝廷珍为"平台大将军"匾。

蓝理另一位族孙蓝鼎元，也为治台作出了重要贡献。蓝鼎元（1680—733），字玉霖，号鹿洲，漳浦县赤岭人。自幼熟读经史，尤喜古诗文，通达治体，谈论经济。蓝理任定海总兵期间，蓝鼎元曾游历沿海各地，还到过定海驻留，考察风土人情等。

蓝鼎元画像

雍正御赐蓝鼎元"公正廉明"匾

清政府统一台湾后,朝廷有官员提出将山区列为"弃土"。蓝鼎元呼吁台湾山地不可抛弃,特别强调山地之重要。此后,他提出的多项建议被朝廷采纳。

康熙四十一年(1702),清政府对移民实行禁止携眷赴台的政策,青壮年成家难。在《论台湾事宜书》《东征集》中,蓝鼎元列举了移民"皆丁壮力农,无妻室,无老耆幼稚","一庄有家室者百不得一"等大量严酷事实,建议:"欲赴台耕种者必带有眷口,方许给照载渡,编甲安插。"他的建议被朝臣采纳。

康熙六十年(1721)夏,台湾朱一贵举事,他的族兄蓝廷珍奉诏率师平息,蓝鼎元为高级幕僚随师入台。在台湾一年多,足迹遍及全岛。他深入考察民情、军事等,为平定战乱、经理台湾出谋划策,写出了许多切中治台时务的精辟文章,促进台湾走向"文治"社会。他提出的十九策,成为治台依据,被称为"筹台宗匠"。

雍正二年(1724),他受命校书内廷,负责分修《大清一统志》,又先后任职广东普宁知县、广州知府。雍正十一年（1733），雍正御赐广州府正堂蓝鼎元"公正廉明"匾。

蓝鼎元著述颇多，主要有《鹿洲初集》《女学》《东征集》《平台纪略》《鹿洲公案》（又名《蓝公案》《蓝公奇案》）等，并参加编修《大清一统志》。《鹿洲初集》收集了蓝鼎元亲自撰写的《叔祖福建提督义山公家传》一文，记录了蓝理三落三起跌宕起伏的人生经历，为研究蓝理不平凡的一生留下了珍贵史料。

蓝理、蓝廷珍、蓝鼎元，都是福建漳州赤岭畲族乡石椅村"种玉堂"后裔。在蓝理的带领和扶植下，从清朝起"种玉堂"蓝氏家族从一个烧山种畲、频繁迁徙的家族，发展成为沐浴皇恩、军功显著的闽南望族，先后涌现出100多位文武官员，享有"蓝氏多将才""一代五品"的盛誉。其中"平台首功"蓝理、"治台名将"蓝廷珍、"筹台宗匠"蓝鼎元，被称为"蓝氏三

蓝理墓

杰"。蓝理是蓝廷珍的族叔公，而蓝廷珍又是蓝鼎元的族兄，三位都是同出一门的台海英雄，在不平静的台海风云中，在平台、治台、筹台的不同时期，为中华民族的统一，为台湾的繁荣昌盛立下了赫赫功勋。

康熙五十八年（1719）冬，蓝理在天津蓝田庄病逝，享年七十二岁。康熙御赐"铜柱海疆曾著绩，铁衣戎略夙知名"对联，现挂于赤岭乡石椅村种玉堂。康熙还下诏，准蓝理妻儿护送蓝理灵柩回原籍安葬，除其旗籍，恢复原籍，并恢复"昂帮章京内大臣兼摄左都督，世袭骑都尉，一等伯"等封号，诰封蓝理"光禄大夫提督军门统辖水陆等处各镇"。

蓝理墓位于漳浦县湖西乡后溪橄仔埔村西侧，朝向西北，周围是大片相思树林。墓葬区占地 1350 平方米，为三合土夯筑。整体作椭圆形，深 45 米，墓葬平面作"凤"字形，设五层墓碑，碑上阴刻："皇清诰授光禄大夫提督福建全省陆路等处地方左都督显考义山蓝先生墓，雍正五年岁次丁未八月穀旦。"

一代虎将　世人铭记

《清史稿》对蓝理的评价："理骁勇善战，性率直。官福建提督，政行于乡里，捕治盗贼，遂及诸豪家。修桥梁，平道路，率富民钱，益积怨。"《清史稿》肯定了蓝理捕治盗贼，波及诸豪之家因而受牵连的原因。蓝鼎元撰《叔祖福建提督义山公家传》，对蓝理作了公正的评价：

公一代虎将也，起草茅，建奇勋，生平举动，种种异人，可不谓非常之杰乎！公有奇气，激流勇进，终不可没。拖肠血战，功在社稷。菩萨心肠，泽被百姓。堪称简易洁清之操，国家干城之彦，千载尤将慨慕之哉！

如今，福建老家的人们没有忘记祖先蓝理为国家统一所作出的重大贡献，利用各种形式怀念先祖，宣传先祖。2003 年，漳浦县赤岭畲族乡政府建"闽南畲族博物馆暨漳台蓝氏博物馆",后更名为"闽台畲族博物馆"。馆内重点展示蓝理平定台湾及蓝廷珍、蓝鼎元治台和筹台的事迹,促进了海峡两岸人民的交流。

2008年,西月出版了《所向无前:蓝氏三杰传》,重点讲述了蓝理从"歹仔"成为将军不平凡的一生;2010年,由漳州市民族与宗教事务局、漳州市历史学会联合举办"漳州蓝氏与台湾关系学术座谈会",座谈内容以蓝理为重点;2011年12月,漳州市民宗局、漳州市历史学会和闽南师范大学共同举办"'海峡两岸漳州蓝氏与台湾关系'学术研讨会",蓝理再次作为重点研讨对象;2013年,蓝理入漳州市芝山公园漳州名人墙;2014年4月23日,大发石业(福建)有限公司捐建蓝理将军石雕像,竖立在漳浦县赤岭畲族乡赤岭村富岭街;2014年6月,蓝荣钦、蓝文华著《图说漳台蓝氏畲族文化》,书中详细介绍了与蓝理相关的文物古迹遗址;2017年,西月文、陈建国绘《蓝理将军之铜柱海疆》连环画出版;2017年,蓝理入漳浦文庙《漳浦历史名人馆》;2017年,漳浦县政府投资2.4亿元在漳浦县绥安镇修建全长4公里、以蓝理名字命名的蓝理路;2019年,漳浦县竹马戏(芗剧)传承保护中心编排了芗剧《蓝理将军》。

每年春季,漳浦蓝氏宗亲在种玉堂前举行祭祀蓝氏先祖活动,来自海内外蓝氏后裔济济一堂,尤其是来自台湾的蓝氏后裔年年漂洋过海前来祭拜。

近年来,蓝理平定台湾的事迹在央视、央广、福建电视台、漳州电视台、

舟山名人馆"蓝理破肚作战"场景

海峡之声广播电台、漳州人民广播电台、人民日报、福建日报、闽南日报等媒体广为宣传报道。2020年4月24日，电影《特殊保镖之未来战神蓝理》开机仪式在漳浦蓝氏宗祠种玉堂广场举行。

第二故乡定海的人民也没有忘记定海总兵蓝理。2014年初，"舟山名人馆"筹建征集舟山历史上德高望重的名人，一致推荐蓝理为舟山历史上古代名将入馆。

"舟山名人馆"位于定海总府路132号，为二层木结构楼屋，建筑面积为1000平方米，2014年12月27日开馆。馆内有"舟山记忆""为政以德，口碑在民""古城要塞，英烈千秋""货通四海，财通天下""学界翘楚，各领风骚""方外高僧，布衣国士"等六个展厅，还有视频、电子翻书等多媒体手段辅助展陈。蓝理在"古城要塞，英烈千秋"军界人物展厅中展示。根据蓝理"平台首功"的壮举，专门绘制了一幅大型的蓝理破肚血战悲壮场面给以展示。馆内还复制了两件蓝理留在普陀山佛教博物馆的头盔和军刀，

位于定海总府路132号的舟山名人馆

形象地再现了蓝理当年对舟山人民的不舍之情。

2018年6月,定海区政府又投资1000多万元将舟山市文物保护点"蓝府大院"打造成为"蓝理纪念馆"。2019年6月28日,"蓝理纪念馆"开馆,蓝理后裔特意从漳浦赤岭畲族乡赶来参加庆典。

纪念馆为四合院落,二层木结构的清代建筑,建筑面积为1300平方米。通过"勇定""善治""承扬"三大主题布展,重点展示了蓝理平定台湾、展复定海、重建普陀山观音道场的功勋。采用实物、全息透明屏、3D立体模型、图文展板等,生动地展现蓝理不平凡的一生。

时间会无情地流逝,但人们永远不会忘记"平台首功""破肚将军""菩萨将军"——蓝理。

位于定海西大街89号的"蓝理纪念馆"

参考书目

1. 《普陀山志》［清］裘琏撰，清康熙四十四年（1705）版。2007年普陀山典籍编辑委员会翻印；

2. 《定海县志（点校本）》［清］周圣化原修，［清］缪燧重修，清康熙五十四年（1715）版。2007年，凌金祚点校注释，舟山市档案局馆翻印；

3. 《普陀山志》［清］许琰撰，清乾隆五年（1740）；

4. 《鹿洲初集》［清］蓝鼎元著；

5. 《定海厅志》［清］史致驯、黄以周编纂，光绪八年（1882）。柳和勇、詹亚园校点，2001年上海古籍出版社出版；

6. 《普陀山志》王亨彦编，印光大师修订，民国十三年（1924）苏州灵岩山寺弘化社印赠；

7. 《浙江省民间文学集成·舟山市故事卷》舟山市民间文学集成办公室编，1989年中国民间文学出版社出版；

8. 《舟山文史史料（第一辑）》政协舟山市委员会文史资料委员会、政协舟山市委员会文史编辑部编，1990年浙江人民出版社出版；

9. 《蓝氏族谱》漳浦石椅种玉堂，1990年刊印；

10. 《定海县志》定海县志编纂委员会，1993年浙江人民出版社出版；

11. 《天津土地开发历史图说》张树明主编，1998年天津人民出版社出版；

12. 《普陀洛迦山志》妙善鉴定，王连胜主编，1999年上海古籍出版社出版；

13. 《普陀山揽胜》王连胜主编，1999年上海古籍出版社出版；

14. 《普陀山史话》张坚著，2000年甘肃民族出版社出版；

15. 《康熙图传》翟文明编著，2001年山东画报出版社出版；

16. 《知我隆化》何庆奎、安忠和著，2003 年远方出版社出版；

17. 《清圣祖康熙百谜》惠焕章、贾鹏编著，2004 年陕西旅游出版社出版；

18. 《施琅与台湾》施伟青主编，2004 年社会科学文献出版社出版；

19. 《台湾外志》［清］江日升撰，刘文泰等点校，2004 年齐鲁书社出版；

20. 《漳浦蓝氏"种玉堂"源与流》蓝荣钦编著，2005 年漳浦蓝氏祖庙石椅种玉堂管理委员会刊印；

21. 《普陀洛迦·佛国五十三参自助游》蒋宝华主编，2005 年宁波出版社出版；

22. 《施琅画传》安然著，2006 年台海出版社出版；

23. 《清王朝统一台湾之路》蒋宗伟编著，2007 年福建教育出版社出版；

24. 《所向无前》西月著，2008 年上海古籍出版社出版；

25. 《尊佛的皇帝》韩养民、唐群编著，2008 年山东画报出版社出版；

26. 《清代雍正时期的京畿水利营田》李成燕著，2011 年中央民族大学出版社出版；

27. 《红楼梦·普陀山》刘建平著，2011 年东方出版中心出版；

28. 《福建涉台文物大观（上）》福建文物局编，2012 年福建教育出版社出版；

29. 《舟山群岛海洋文化概论》金涛编，2012 年杭州出版社出版；

30. 《中国海关通志》本书编纂委员会编，2012 年方志出版社出版；

31. 《图说漳台蓝氏畲族文化》蓝荣钦、蓝文华著，2014 年黄河水利出版社出版；

32. 《这也是清朝·盛世雄音》张伟著，2015 年海潮出版社出版；

33. 《战争事典 002》宋毅主编，2015 年中国长安出版社出版：

34. 《中国寺院的故事》濮文起主编，2015 年山东画报出版社出版；

35. 《普陀山建筑艺术与宗教文化》［德］恩斯特·柏石曼著，史良、张希旦译，2017 年商务印书馆出版；

36. 《普陀山文化史》倪浓水著，2018 年浙江大学出版社出版。

后 记

2003年5月的一天，因普查定海旅游资源我踏进了红灯笼高挂的蓝府大院。在堂屋里，我第一次瞻仰了蓝理将军的画像，第一次听到了蓝如勇先生讲述其先祖蓝理破肚作战、重修普陀山的事迹，敬佩之情油然而生。想不到，这一次偶遇竟与蓝理将军结下了"书缘"。

2010年，我参加了漳州市民宗局等单位联合举办的"漳州蓝氏与台湾关系学术座谈会"。在会上，我介绍了蓝理修复普陀山的事迹，引起了海内外蓝氏后裔的极大反响。他们大多只知道先祖澎湖海战之壮举，很少知道还有定海展复之大德。之后，蓝理后裔多次到定海、到普陀山寻觅先祖蓝理踪迹。

2014年，我参与了舟山名人馆的筹建，有机会了解到古代名将蓝理的事迹。2018年初，我又参与了蓝理纪念馆前期资料征集工作，对蓝理有了更多的了解。于是，我开始搜集史料，着手撰写《破肚将军蓝理》一书，重点介绍蓝理为定海展复所作出的重大贡献，让舟山人民永远铭记展复功臣之一——蓝理。

蓝理离开我们三百多年了，资料收集难度极大。所幸的是我的想法得到了定海区区长侯富光的鼓励和支持，得到了原福建省农村信用社联合社党委副书记兰益江、漳浦县赤岭畲族乡党委副书记蓝永义、漳浦蓝氏宗祠种玉堂理事会会长蓝宏令、副会长蓝日万和漳州蓝理研究学者罗炳腾老师等人的支持。尤其是漳浦县赤岭畲族乡政府文化站负责人蓝俊强先生，他不仅提供了大量的图片和资料，还不厌其烦地帮我斟酌文稿。

此书的写作，以尊重史料为原则，尽量做到有史可查，有据可依。如通过舟山市徐正国博物馆收藏的《蓝理家史残帖》和普陀区政协文史委文史编辑胡瑞琪老师提供的《清代朱卷集成》的内容，再与《漳浦蓝氏族谱》编委会编修的《漳浦蓝氏开基祖庆福公派下三房蕃公世系》表核对，蓝理第三个儿子蓝国庭一系曾世居定海状元桥下种玉堂内（原定海状元桥南侧郭家道地旁），由此佐证了《定海厅志》的记载，蓝理"其子孙家于定海"的史实。

由于自己对清康熙年间的历史了解不够，虽然查找了大量的史料，但了解一段历史不是一蹴而就的事，免不了顾此失彼。在文稿的修改过程中，得到了原舟山市博物馆馆长陈金生、胡连荣，原中国人民银行文史研究学者盛观熙老师，舟山日报社记者郑剑锋，同事傅勇、林霞、丁洁，普陀区政协文史编辑胡瑞琪，同学汪婷婷等人的指教。更为感动的是漳州市诏安县县委常委蓝文华先生在"五一"假期"闭门"审阅书稿；张家界市一中历史老师向拥军先生在繁忙教务中挤出时间审稿，认真校勘年代及地名等；上海芥舟展览策划有限公司徐亚夫先生，为此书提出了策划方案，并撰写大纲，在此一并表示感谢！同时，感谢舟山民间画家顾生夫、摄影记者夏友忱以及不知名的老师提供画作和照片。

由于成稿时间仓促，加之本人水平有限，书中谬误之处，敬请方家指正。